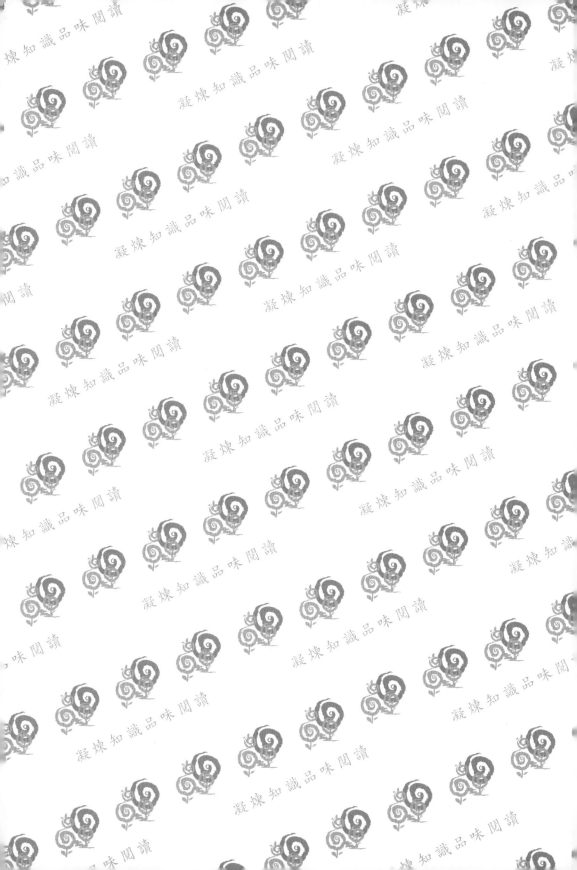

研究&方法

用JASP
完成論文分析與寫作

胡昌亞、楊文芬、游琇婷、黃瑞傑、鄭瑩妮、
王豫萱、陳怡靜、林義挺、陳燕諭、范思美、黃柏僩　合著

五南圖書出版公司 印行

推薦序1

一篇論文的完成，分析工具永遠是不可或缺的重要一環

　　國立政治大學企管系胡昌亞老師召集國內幾位知名的研究方法學者，共同寫作的《用 JASP 完成論文分析與寫作》研究方法工具書，主要針對必須寫作論文的研究生為對象。原本坊間的研究方法工具書非常多，所使用的軟體有 SPSS、STATA、MPlus、SAS 等多種，而胡老師擔任主編的這本工具書是國內第一本以 JASP 軟體來編輯的工具書，書中以非常簡單的視窗，逐步教導讀者如何利用 JASP 來學習研究方法，是一本非常值得參考的工具書。

　　古代有言：「工欲善其事，必先利其器。」研究生如果想要把論文寫好，必須要使用好的軟體，JASP 就是在這樣的基礎上發展出來。JSAP 的全名是 Jeffreys's Amazing Statistics Program，是由阿姆斯特丹大學所發展出來的免費視窗軟體。這個軟體與其他軟體不同的是，它是使用 R 語言來開發，也是一個免費的軟體，經過上萬個附加的軟體，它可以做的統計方法非常多。而 JASP 建構在 R 基礎上，使用視窗方式，讓入門的研究上在撰寫論文時能夠更容易上手。

　　這本書共有 12 章，深入淺出的介紹統計的基本運用，對於一個初學的學生有非常的便利性。而且這 12 章，大體已經涵蓋了所有基本統計內容，例如：它能夠處理統計的探索性因素分析 (EFA)、驗證性分析 (CFA)、信效度分析，甚至於中介與調節效果

以及結構方程模型 (SEM)，都能夠用 JASP 的軟體來達成。

　　有些人或許會問到，同樣是統計軟體，爲何我不使用 SPSS，它是最流行的統計視窗軟體，當然統計軟體是個人喜好，但是 JASP 是一個免費的軟體，而且可以做的事情比 SPSS 還要多，所以推廣這個軟體對於研究生是另外一個選擇，而這個選擇有免費、簡單、容易學習，以及統計方法涵蓋面廣等優點。

　　最後，在此感謝胡昌亞老師以及參與寫作這本書的老師，能夠把這個軟體推廣到臺灣，讓學者有另外一個選擇，相信大家如果有興趣，能夠依據這本書的內容，一步一步的學習，對於統計分析會有非常大的幫助。

國立中山大學人力資源管理研究所特聘教授

陳世晉

推薦序2

　　個人在此非常榮幸推薦胡昌亞教授所出版的《用 JASP 完成論文分析與寫作》一書。胡教授以其深厚的研究能力，號召幾位年輕老師一同撰寫這本介紹統計軟體的工具書，藉以嘉惠莘莘學子。

　　JASP 全名為 Jeffreys's Amazing Statistics Program，它是阿姆斯特丹大學所支持的一個視窗化免費統計軟體，此軟體可廣泛用於進行多項統計分析，相當實用。尤其，對於研究組織行為與人力資源管理的研究生來說，胡教授撰寫的這本 JASP 工具書，將有助於大家在資料分析時，能夠有清楚的操作指引，依照步驟進行分析，大幅減少摸索的時間。同時，由於 JASP 為一免費開源統計軟體，對於多數同學來說，為了撰寫畢業論文，無法付出高額的費用購買軟體，JASP 絕對是一個極佳的選擇。

　　相信胡教授及共同撰寫的老師們的付出，必會產生極大的迴響，非常感佩他們對國內學術研究的貢獻。祝　此書銷售順利！並祝大家　身體健康！萬事如意！

國立臺灣大學工商管理學系特聘教授

戚樹誠

2022.5.19

推薦序3

　　處於大數據興起的時代中，具備完整而周延的研究方法知識，是進行卓越研究的基本要件；而統計分析與電腦運用則扮演著極為關鍵的重要角色。也只有透過統計分析來驗證研究假說，獲得確實可信的研究結果，方可為後續的理論發展與管理實務，提供紮實的論證基礎；至於電腦運用，則可協助統計分析進行快速處理，呈現精確的圖表，進行發表分享，因而不少套裝軟體，例如：SPSS、SAS 及 NVIVO 都頗受研究者歡迎。

　　有鑑於此，不少專業研究者都試圖建構簡明易懂、深入淺出的教學方式，來傳授統計分析的學理原則與操作方法，進而嘉惠莘莘學子。胡昌亞教授正是其中的佼佼者，她的專業素養，推廣統計分析的教學熱誠，在在都令人印象深刻。胡教授除了在大學開設相關課程之外，亦曾多次接受臺灣工商心理學學會 (TAIOP) 的邀請，擔任組織行為研究工作坊的授課講師，講授跨層次統計分析方法的相關議題，其誠摯熱心的講授風格，搭配條理清晰的授課內容，排除了不少初學者的緊張心情，甚至提升了研究興趣，而廣受好評。同時，她也熱心投入量化研究之外文書籍的翻譯，引進國外新穎的研究方法與觀念，協助國內研究者掌握量化分析流程的演進及其理論基礎。

　　在本書《用 JASP 完成論文分析與寫作》中，其安排巧思澈底展現了統計教學的專業與熱情。首先，在統計軟體的選用上，有別於以往教科書選用之要價不菲、操作複雜的商用統計軟體，胡教授選擇阿姆斯特丹大學 Wagenmaker 教授及其研究團隊所開

發的 JASP 統計軟體。此軟體不僅具有簡潔明瞭的操作介面，亦含括了組織與管理研究所需的完整統計分析做法，從耳熟能詳的 t 檢定、信度分析及因素分析，到較為進階的觀察變數路徑分析與結構方程模型 (SEM)，所需要的分析工具一應俱全。實際上，JASP 如今仍持續進行更新與維護，並免費公開軟體，提供大眾使用。因此，相較於其他統計書籍，本書選用 JASP 作為講授軟體，相信能提高讀者的學習動機，並降低軟體取得的焦慮，從而快速而有效地掌握統計分析的學理知識與操作方法。

其次，本書邀請國內年輕教授共同參與，組成專業的撰寫團隊共襄盛舉，且以個別擅長之統計分析方法作為撰述主題，內容完整豐富。作者群不僅具備專業的統計技能，而且擁有國內外期刊的投稿經驗，因而能以最嚴謹的學術標準，向學習者傳授正確的統計分析操作方法。當然，作者群亦具備了豐富的研究方法教學經驗，完全可以清楚掌握學習者的需求與想法，從而因材施教，有條不紊地講解統計分析及其操作方法。

最後，為了幫助讀者更清楚地了解如何在研究中正確運用統計分析方法，本書亦採用刊登於 *Organizational Behavior and Human Decision Processes* 期刊的論文架構格式與原始資料，提供結果撰寫範例，以清楚理解從統計分析至結果呈現的完整流程。透過此項安排，本書不僅能帶領讀者深入了解各類型的分析，也可以在研讀統計分析的學理之後，實際操作練習，深化學習效果。相信透過「由做中學」(learning by doing) 的方式，應可減輕讀者在進行量化研究分析時的壓力，且能劍及履及地完成研究計畫的執行與論文書寫。

總之，透過本書的付梓，不但可以為孜孜矻矻的研究者提供

正確的統計分析方法，順利完成統計分析，進而及時發表研究成果；而且也能為國內各領域的研究方法教學做出巨大貢獻。的確，這是一本不可多得的好書，值得大力推薦！

國立臺灣大學心理學系特聘教授

鄭伯壎

序　言

　　在醞釀了三年之後，終於能讓這本書問世。我第一次接觸 JASP 軟體，是 2019 年為了準備政大 DBA 數量方法商業應用這門課。一群平均年齡超過 50 歲的高階經理人，在統計背景幾乎為零的情況下，竟然能在一個月內學會用 JASP 進行變異數分析、卡方差異檢定、相關係數熱圖、多元迴歸分析、羅吉斯迴歸分析等，並透過解讀數據分析來協助商業決策。這個教學經驗讓我深深感受到 JASP 的友善與強大。因此，我從 2019 年開始，透過錄製 YouTube 教學影片與舉辦免費的工作坊，除了向臺灣 OB/HR 學者推廣 JASP，也將臺灣放上 JASP 的世界地圖。

　　三年多來，JASP 的軟體已從功能還有點陽春的 0.9.2 版，進化到連機器學習模組都有的 0.16.3 版，我深刻體驗到 JASP 除了上手容易功能強大之外，更可讓商管及社會科學的學生，在不談統計原理的情況下，透過「依樣畫葫蘆」的方式，方便、快速的完成論文統計分析、分析報表解讀與分析結果寫作。更重要的是，JASP 免費開源軟體的特性，讓學生到了職場之後，仍能繼續透過使用 JASP 進行數據分析，讓社會科學方法論能具體的落實應用在實務之中。

　　這本書的完成，是一群年輕學者犧牲假期所完成的「不可能的任務」。這群夥伴在 2022 年農曆春節前夕突然被我「騷擾」，硬是利用寒假完成初稿。這本書的寫作過程也是一波三折。好不容易在 2022 年 2 月底完成初稿，過幾天就可以交初稿給五南出版社之時，JASP 竟然出了 0.16.1 版！我們初稿是基於 0.16.0 版本，書中部分模組 0.16.0 版本的介面，與 0.16.1 版本有些不同，為求

提供讀者最新資訊，我、燕論和思美三人重新分析所有範例，並根據變動調整內容。在我們拿到初校稿件的前一週，JASP 出了 0.16.2 版！還好這次主要是修正程式問題，介面與模組都沒更動。然而，在書稿送印的前幾天，JASP 竟然又出了 0.16.3 版！在多方考慮之後，這本書仍是基於 JASP 0.16.1 版本，僅在本書放在 OSF 的資源中，加入最新版的分析報表。

除了感謝本書作者群之外，還要感謝五南侯家嵐主編在出書過程中的協助，陳世哲特聘教授、戚樹誠特聘教授與鄭伯壎特聘教授（依照姓名排序）百忙之中抽空為這本書寫序。最後要感謝我親愛的 3J 家人，他們忍受我當個不及格的老婆與老媽，讓我任性地專注在我想做的事。

國立政治大學企業管理學系特聘教授

胡昌亞

目　錄

Chapter 1　JASP 簡介 001

1.　JASP 簡介 002
2.　JASP 教學範例說明 003
3.　JASP 介面簡介 004
4.　JASP「功能選單」簡介：開啟內建資料
　　檔與分析檔 005
5.　JASP「功能選單」簡介：各類功能設定 007
6.　JASP「資料視窗」簡介 010
7.　JASP「分析視窗」簡介 011
8.　JASP「報表視窗」簡介 012
9.　參考文獻與資料 012

Chapter 2　資料設定與變數計算簡介 013

1.　JASP 資料管理簡介 014
2.　以 JASP 讀取 SPSS 資料檔 015
3.　以 JASP 讀取 .csv 純文字檔 017
4.　計算新變數：反向計分 018
5.　計算新變數：平減至樣本平均數 021
6.　選擇部分樣本 021
7.　其他 023
8.　參考文獻 023

Chapter 3 探索性因素分析 025

    1. 探索性因素分析 (EFA) 概念簡介 026

    2. JASP 分析設定 027

    3. JASP 報表解讀 028

    4. 分析結果撰寫範例 033

    5. 參考文獻 035

Chapter 4 驗證性因素分析 037

    1. 驗證性因素分析 (CFA) 概念簡介 038

    2. 驗證性因素分析範例簡介 038

    3. JASP 分析設定 038

    4. JASP 報表解讀 040

    5. 分析結果撰寫範例 045

    6. 補充說明 045

    7. 參考文獻 047

Chapter 5 信度分析 049

    1. 信度概念簡介 050

    2. 信度分析設定 051

    3. 信度分析報表解讀 052

    4. 信度分析寫作範例 054

    5. 參考文獻 054

Chapter 6 描述統計與關聯性分析 055

1. 描述統計與相關分析概念簡介 056

2. 描述統計操作設定 057

3. 描述統計報表解讀 058

4. 相關分析操作設定 060

5. 相關分析結果報表解讀 061

6. 描述統計與相關分析結果撰寫範例 062

7. 卡方獨立性檢定分析設定 063

8. 卡方獨立性檢定分析結果 064

9. 卡方獨立性檢定分析結果撰寫範例 065

10. 參考文獻 065

Chapter 7 平均數差異檢定（t 檢定）............... 067

1. 平均數差異比較概念簡介 068

2. 範例說明 068

3. JASP 分析設定 069

4. JASP 報表解讀 071

5. 分析結果撰寫範例 073

6. 參考文獻 073

Chapter 8 變異數分析 (ANOVA) 075

1. 變異數分析簡介 076

2. 獨立樣本雙因子變異數分析範例簡介 077

目　錄

3. JASP 分析設定 078

4. JASP 報表解讀 081

5. 分析結果撰寫範例 085

6. 補充說明 085

7. 參考文獻 086

Chapter 9 中介效果分析 087

1. 中介效果概念簡介 088

2. 中介效果分析設定 090

3. 中介效果報表解讀 091

4. 分析結果撰寫範例 093

5. 參考文獻 094

Chapter 10 調節效果分析 095

1. 調節效果概念簡介 096

2. 調節效果分析設定 097

3. 調節效果報表解讀 100

4. 調節效果圖與條件斜率 101

5. 報告條件斜率 95% 信賴區間 102

6. 分析結果撰寫範例 105

7. 結語 105

8. 參考文獻 106

Chapter11 觀察變數路徑分析 107

1. 路徑分析簡介 108
2. lavaan 語法簡介 109
3. PROCESS 模型 1 110
4. PROCESS 模型 7：第一階段中介效果調節模型（first stage moderation model）........................ 115
5. PROCESS 模型 14：第二階段中介效果調節模型（second stage moderation model）........................ 118
6. PROCESS 模型 21 121
7. 其他 124
8. 參考文獻 124

Chapter12 結構方程模型 125

1. 概念簡介 126
2. 範例說明 127
3. JASP 操作步驟 131
4. JASP 報表解讀 134
5. 分析結果撰寫範例 138
6. 其他 139
7. 參考文獻 140

目 錄

01
Chapter

JASP簡介

胡昌亞

　　美國喬治亞大學工商心理學博士，目前爲國立政治大學企業管理學系特聘教授。研究領域爲師徒關係、職涯發展、領導、商業數據分析。曾任《人力資源管理學報》主編。

1. JASP 簡介

JASP 是阿姆斯特丹大學所支持的視窗化免費統計軟體。為了向貝氏定律先驅 Sir Harold Jeffreys 致意，將此軟體命名為 Jeffreys's Amazing Statistics Program。此免費開源統計軟體 (open-source statistics program) 主要基於 R 語言，有兩類分析取向可選擇：以 p 值為推論基礎的傳統機率學派 (Frequentist) 分析，與考量不同機率情境的貝氏定律學派 (Bayesian) 分析。

JASP 操作介面設計與 SPSS 類似，使用者透過點選方式設定統計分析，例如：描述統計、t 檢定、變異數分析、多變量變異數分析 (MANOVA)、共變數分析、卡方檢定、信度、相關分析、迴歸分析、羅吉斯分析、探索性與驗證性因素分析、結構方程模型 (SEM)、集群分析、整合分析、機器學習、混合線性模式等。除了較複雜的分析（如：SEM）需要寫語法，其他分析都可以透過點選方式設定分析。整體來說 JASP 是相當容易上手的統計分析工具，具備以下的優點：

(1) 可進行貝氏機率之分析（但本書不介紹此類分析）。

(2) JASP 是統計學家針對社會科學研究所發展的統計軟體，輸出報表的圖表都儘量符合 APA 的格式，相當符合研究者之需求。

(3) JASP 無資料輸入功能，使用者須以其他軟體（如：Google Sheets 或 Excel）進行資料管理，故 JASP 的操作介面也較單純。

(4) JASP 檔案（副檔名 .jasp），同時收錄資料、分析設定與分析報表，不像 SPSS 需要區分資料檔 (.sav)、語法檔 (.sps) 或報表檔 (.spv)。故研究者能方便管理分析檔案。

(5) JASP 分析報表與資料和分析設定同步，一旦資料內容或分析設定有所變動，分析報表就即時更新分析結果。

(6) JASP 的分析設定留存在 .jasp 檔案中，此設定不會因關閉 JASP 程式而消失，讓研究者能方便地檢視之前的分析設定。

(7) JASP 官網即備有豐富的學習資源，如英文版使用手冊、論文與影片等 (https://jasp-stats.org/jasp-materials/)；同時，筆者以中文錄製的 JASP 操作影片：http://tiny.cc/JASPHu，也能協助讀者自學。

(8) JASP 官網提供過去的程式版本，使用者可依照自己電腦的狀態下載使用 (https://jasp-stats.org/previous-versions/)。

　　本書所有範例都以 2022/2/16 發布的 JASP 0.16.1 來進行，就本書所介紹的功能來說，JASP 0.16 與 JASP 0.16.1 並無明顯差異，但 JASP 0.16.1 的機器學習 (machine learning) 模組更爲完整，例如：增加了決策樹 (decision tree) 此功能。

　　以開源統計軟體來說，JASP 0.16.1 的分析功能相當完整，一般而言，碩士論文所需要的分析，JASP 0.16.1 幾乎都可以處理。但仍無法處理以下組織數行爲與人力資源管理 (OB/HR) 領域會使用到的進階分析，例如：連續變數的潛在交互作用分析、多層次模型 (multilevel modeling, MLM)、Hunter & Schmidt 心理計量取向之整合分析（修正信度等統計 Artifacts 的整合分析）。若要進行這些分析，建議直接改用其他軟體爲宜，例如：以 Mplus 分析潛在變項調節效果或多層次分析，以 R 的 psychmeta 模組進行心理計量取向的整合分析。此外，JASP 的繪圖功能也相當有限，無法直接繪製調節效果圖或 Johnson Neyman 圖。

2. JASP 教學範例說明

　　本書以 Fehr 等人 (2019) 發表在 *Journal of Organizational Behavior and Human Decision Processes* 的研究論文與原始資料爲範例，以 JASP 0.16.1 版本進行統計分析與假設考驗之示範，並提供撰寫分析結果之範例。本書的第二章將會介紹如何讀取資料、設定變數測量種類、計算變數等功能。每一章節皆包括：分析概念簡介、JASP 操作步驟、JASP 報表解讀、分析結果撰寫範例與圖表範例，以及參考文獻。本書章節順序

是依照一般 OB/HR 學術論文研究結果一節之報告順序，依次為：探索性因素分析（第3章）、驗證性因素分析（第4章）、信度分析（第5章）、描述統計與關聯性分析（第6章）、平均數差異檢定（t 檢定）（第7章）、變異數分析（第8章）、中介效果分析（第9章）、調節效果分析（第10章）、觀察變數路徑分析（第11章，將介紹 PROCESS 模型 1、7、14、21）與結構方程模型（第12章）。每章節都提供一個 JASP 分析檔（如：U03.jasp 為第3章的 JASP 檔，內含資料、分析設定與分析報表）與一個 JASP 報表匯出檔（如：U03out.pdf 為第3章 JASP 分析報表的 pdf），讀者可從本書網站下載各個章節的相關檔案。以下將介紹 JASP 的使用介面。

3. JASP 介面簡介

在本書中，我們用 **灰底粗體字** 來表示 JASP 的模組、分析設定、或操作介面。本單元的簡介是基於 JASP 0.16.1 Mac 版，Windows 版的介面可能有些許不同。為了向讀者顯示 JASP 有更新版時程式的起始畫面，圖 1-1 為開啟 JASP 0.15 程式後的環境視窗。視窗右上方顯示 JASP 版本（此為 0.15）。下方會出現 **Click to get latest version**，提醒使用者有更新的版本可以下載。

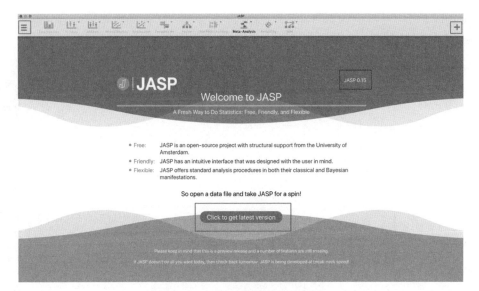

圖 1-1 JASP 開啟後視窗介面

以下簡介是基於 JASP 0.16.1 版本，根據筆者的使用經驗，每開啟一個資料檔（如：.csv 或 .sav 檔）或 JASP 檔，就出現一個獨立的 JASP 視窗。

(1) 最上方爲分析模組，如最左邊的模組爲描述統計 **Descriptives** 模組。因仍未讀取分析資料或檔案，故所有分析模組是反白的。

(2) 右上方「+」可增加分析模組，如：信度 **Reliability** 模組。

(3) 左上方「≡」爲功能選單，可用來開啟檔案、設定 JASP 介面、設定報表格式、設定資料同步、匯出資料、匯出分析報表等功能。

4. JASP「功能選單」簡介：開啟內建資料檔與分析檔

JASP 的優點之一，就是提供了許多的分析範例，讓讀者可以自學。按下左上方的功能選單「≡」後，即出現選單選項（如圖 1-2）。以下介紹開啟內建資料與分析檔之方法。

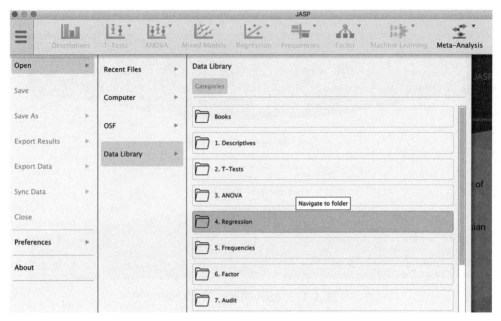

圖**1-2** 點選「Open」功能後的 JASP 視窗

(1) 以 **Open** 功能來開啟分析資料。

(2) 點選 **Open** ➜ **Data Library** ，內含 JASP 內建範例檔。共有 17 個主題可供選擇。

(3) 在 **4. Regression** 此目錄下，共有 13 組資料（第一組為「Adam Sandler」，最後一組為「Titanic」）。每組中都有一份完整分析檔案（副檔名為 .jasp 者）與純資料檔（副檔名 .csv 者）。

(4) 開啟「Album Sales」目錄中的 jasp 檔（有 J 綠色圖示者）後，視窗上方所有分析模組皆正常顯示，可用該模組進行分析（如圖 1-3）。

(5) 分析模組下方共有三個視窗：左側為「資料視窗」、中間為「分析視窗」、右側為「報表視窗」。點選視窗分隔處的「三角形 ◀」與「三個點」，可調整三個視窗的相對大小。

(6) 點選中間「分析視窗」的三角形「▶」，可顯示該分析之設定，且右側「報表視窗」會直接跳到該分析結果的報表，其他結果報表則以反灰顯示。當游標放在任一分析時，會出現 **Drag to reorder the analyses** 之提醒訊息（如圖 1-3），此時可將該分析拖曳到你想放置的順序，報表也會隨即調整位置。

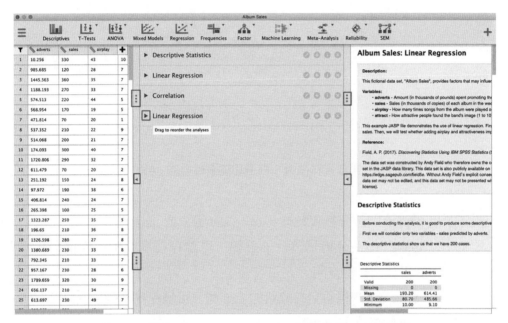

圖 1-3 點選「Album Sales」JASP 檔後的 JASP 視窗

5. JASP「功能選單」簡介：各類功能設定

開啟資料檔或 jasp 檔後，按下左上方的功能選單，這時所有選單的選項都會正常顯示，表示可以根據需求進行設定（如圖 1-4）。

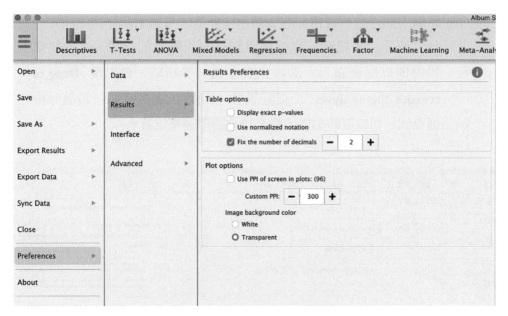

圖 1-4 開啟資料檔後,點選功能選單後的 JASP 視窗

(1) 以 **Open** 開啟分析資料檔(.csv、sav 等)或 .jasp 檔。

(2) 以 **Save** 儲存分析檔案為 jasp 檔,可儲存在電腦中或直接存入 OSF 帳號之雲端空間。

(3) 以 **Save as** 將檔案另存成新的 jasp 檔,可儲存在電腦中或直接存入 OSF 帳號之雲端空間。

(4) 以 **Export Results** 將所有分析結果匯出為 pdf 格式或 html 格式。可儲存在電腦中或直接存入 OSF 帳號之雲端空間。

(5) 以 **Export Data** 將分析資料匯出為 .csv 檔。可儲存在電腦中或直接存入 OSF 帳號之雲端空間。

(6) 以 **Sync Data** 使分析資料與資料來源檔同步。例如:原始分析資料檔案(如:A.csv)只有 150 筆資料,以 JASP 分析後將檔案存成 A.jasp。後來新增 30 筆資料,更新後的 A.csv 檔案共有 180 筆資料,需要重新分析。此時,研究者只需開啟 A.jasp 檔案,選擇

「Sync Data」功能，點選更新後的 A.csv 檔案。JASP 就會匯入最新資料進行分析，分析報表也隨之更新，顯示以 180 筆資料進行分析的結果報表。

(7) 以 **Preferences** 設定下列功能： **Data** 、 **Results** 、 **Interface** 、 **Advances** 。

(8) 以 **Preferences** 下的 **Data** 進行以下設定：

a. 若勾選 **Synchronizes automatically on data file save** ，則 JASP 自動使分析資料與原始資料同步更新。一旦原始資料檔有所修改且存檔後，開啟該 JASP 檔時或以 JASP 分析過程中，就會同步更新資料，並以此資料進行分析。

b. 若勾選 **Use default spreadsheet editor** ，則在「資料視窗」中雙擊後，就會啟動預設的編輯軟體。例如：原始資料檔格式為 .sav 時，電腦就會試圖開啟 SPSS 此應用程式（如圖 1-5）。

c. 使用 **Missing Value List** 設定預設的遺漏值。可用 + 新增預設的遺漏值。

(9) 以 **Preferences** 下的 **Results** 設定以下選項：

a. **Table options** 中，若勾選 **Display exact p-values** 則 JASP 會顯示統計數的確切 p 值（如：$p = .03$），不勾選則會顯示顯著水準（如：$p < .05$）。

b. **Table options** 中，若勾選 **Use normalized notation** 則數值會以科學記號來顯示，如未勾選此選項時，「0.00000949」會顯示為「9.49e-6」，勾選後則為「9.49x10^{-6}」。

c. **Table options** 中，以 **Fix the number of decimals** 來設定欲顯示的小數點位數。

d. **Plot options** 中，可設定圖的 PPI，以及背景為白色「White」或透明 **Transparent** 。

(10) 以 **Preferences** 下的 **Interface** 設定以下選項：

a. **Fonts** 可調整 JASP 介面與報表之字體。

b. **Theme** 可調整 JASP 介面爲深色系或淺色系。

c. **Preferred language** 可選取 JASP 介面的文字。

d. **Miscellaneous options** 可調整放大比率等設定。

(11) **Preferences** 下的 **Advanced** 設定不需調整。

6. JASP「資料視窗」簡介

當滑鼠移到資料視窗時，會出現 **Double click to edit data** 的提醒訊息（如圖 1-5）。雙擊後會根據原始資料檔格式，帶出預設的編輯軟體。如原始檔爲 .csv 時，一般來說會以 Excel 開啟此資料檔。

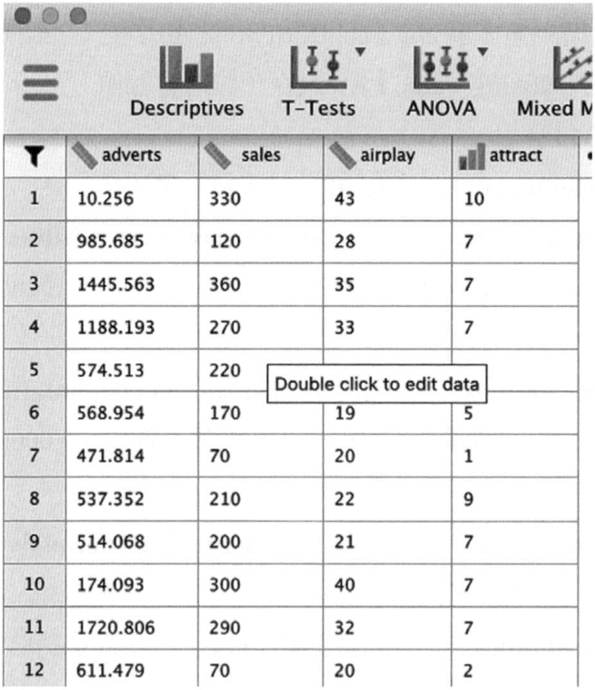

	adverts	sales	airplay	attract
1	10.256	330	43	10
2	985.685	120	28	7
3	1445.563	360	35	7
4	1188.193	270	33	7
5	574.513	220		
6	568.954	170	19	5
7	471.814	70	20	1
8	537.352	210	22	9
9	514.068	200	21	7
10	174.093	300	40	7
11	1720.806	290	32	7
12	611.479	70	20	2

圖 1-5 游標在「資料視窗」中出現 **Double click to edit data** 的提醒訊息

7. JASP「分析視窗」簡介

點選分析視窗某分析的三角形「►」，會顯示該分析的設定，且該分析的三角形會轉為朝下的三角形「▼」，表示可以對此分析進行設定。以圖 1-6 為例，我們可以對 **Linear Regression** 的分析進行設定。

(1) 點選黑色圖示，可以調整分析的標題，調整後結果視窗的標題也會同步更新。

(2) 點選綠色圖示，會複製該分析，複製的分析會出現在所有分析的最下方，並以「Copy of ...」命名（如：Copy of Linear Regression）。

(3) 點選藍色圖示，將出現該分析技術的簡短說明。

(4) 點選紅色圖示，將刪除該分析。此動作無法取消，分析被刪除後將無法復原。

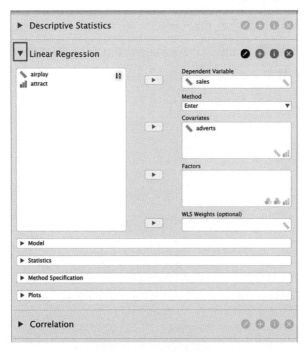

圖 1-6 「分析視窗」

8. JASP「報表視窗」簡介

一般來說，開啟含有分析設定的 .jasp 檔案，JASP 僅會同時顯現「分析視窗」與「報表視窗」，而非同時顯示三個視窗。在報表視窗中，凡有朝下的「▼」圖示者，表示可以針對此部分進行編輯。例如：加入註解 **Add Note** 、拷貝圖表 **Copy** 、另存圖檔格式 **Save Image as** 、編輯圖形 **Edit Image** （此功能相當有限）。

9. 參考文獻與資料

Fehr, R., Welsh, D., Yam, K. C., Baer, M., Wei, W., & Vaulont, M. (2019). The role of moral decoupling in the causes and consequences of unethical pro-organizational behavior. *Organizational Behavior and Human Decision Processes, 153*, 27-40. https://doi.org/10.1016/j.obhdp.2019.05.007

本書資料檔與分析檔可至 OSF 網站下載：https://osf.io/mybaw/ 。或至五南圖書網頁：https://www.wunan.com.tw ，輸入書號 1HAM ，即可找到下載處。

02
Chapter

資料設定與
變數計算簡介

胡昌亞

　　美國喬治亞大學工商心理學博士，目前為國立政治大學企業管理學系特聘教授。研究領域為師徒關係、職涯發展、領導、商業數據分析。曾任《人力資源管理學報》主編。

1. JASP 資料管理簡介

JASP 不具備資料輸入功能，故研究者需先以其他應用程式（如：Excel 或 Google Sheets）輸入資料後，才能匯入 JASP 應用程式進行分析。JASP 可直接讀取以下資料格式：純文字檔 (.csv) 與 SPSS 資料檔 (.sav)。若匯入的檔案為 SPSS 資料檔，則資料標籤 (label) 與資料類型（類別、次序、連續）也會一同匯入。

雖然 JASP 無法編輯原始資料，但能對所有變數進行邏輯運算，且**可對連續變數（變數需設定為「Scale」）**進行算數運算。OB/HR 的研究常以測量題目平均數代表研究構念，如 Fehr 等人 (2019) 的研究，以 3 個題目測量員工工作表現，並以這 3 題的平均數作為研究變數。若研究者將這 3 個題目的變數 (perf1、perf2、perf3) 設定為「Scale」類型的連續變數，JASP 可透過撰寫公式或拉曳選單的方式，製作一個新的研究變數。又如調節效果 (moderation) 是 OB/HR 研究的重要議題，當調節變數為連續變數且研究者要以路徑分析檢驗調節效果時，須先將調節變數 (moderator) 與自變數都進行平減 (centering) 後，才能計算調節效果的乘積項，此類運算 JASP 也可處理。然而，JASP 的邏輯運算功能有限，因此建議讀者除了算術運算之外，其他邏輯運算使用 Excel 或 Google Sheets 處理為宜。

在選取部分樣本方面，JASP 也能透過「Filter」功能選取部分樣本，讓研究者可以進行分群分析。但 JASP 的報表視窗會依分析資料同步更新，一旦選取部分樣本，結果視窗中原有的整體分析報表會被取代，只會呈現部分樣本的分析結果。若研究者想比較全體樣本與部分樣本分析之差異，需要多個 jasp 檔才能進行，因為不同樣本結果是無法在單一 jasp 檔案呈現。此外，若單一 jasp 檔案內含很多分析時，就會造成檔案過大，較容易發生 JASP 應用程式出現出錯 (bug) 甚至閃退。因此，研究者若要進行分群比較，建議先完成整體樣本分析，將該 jasp 檔另存新

檔後，在新檔案使用 **Filter** 功能（本章第 6 點），即可得出分群分析結果。

　　以下 JASP 操作介紹，分別以 Fehr 等人 (2019) 研究一的資料 (Study_1_Data.sav) 與 Open-Source Psychometrics Project 的 Rosenberg 自尊量表 (Rosenberg Self-Esteem Scale) 資料（data.csv 檔）為例，示範如何將資料匯入 JASP，進行資料管理與計算新變數。這兩個資料檔的下載網址，請見本章末之參考文獻。

2. 以 JASP 讀取 SPSS 資料檔

(1) 自 OSF 下載 Fehr 等人 (2019) 研究一資料檔 (Study_1_Data.sav)。

(2) 點選 **Open** → **Computer**，選擇「Study_1_Data.sav」。

(3) JASP 會根據資料內容設定各別變數類型為：「Nominal」（類別變數）、「Ordinal」（次序變數）或「Scale」（連續變數）。變數名稱左方的圖示為該變數的類型，如：「age_e」此變數的圖示為「Scale」、「gender_e」此變數的圖示為「Nominal」。

(4) 若要調整變數類型，需按下變數名稱左方變數類型的小圖示。如：將「sUPB1」從「Nominal」類型改成「Scale」類型（如圖 2-1）。

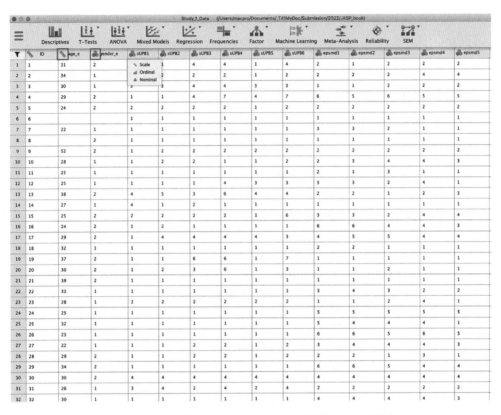

圖 2-1 開啟「Study_1_Data.sav」後的 JASP 視窗

(5) 若要修改「Nominal」或「Ordinal」變數的資料標籤 (label)，將游標移到變數名稱上後，會出現提示訊息 **Click here to change labels or insert filter**，點選後可進行修改。如：將「gender_e」此類別變數數值「1」與「2」的標籤（如圖 2-2a），分別改成「F」與「M」（如圖 2-2b）。

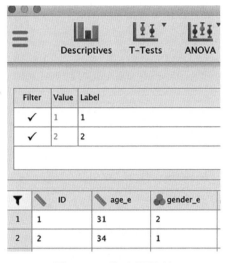

圖 2-2a　修改標籤前

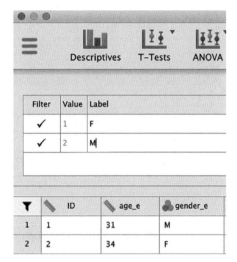

圖 2-2b　修改標籤後

3. 以 JASP 讀取 .csv 純文字檔（如圖 2-3）

(1) 自 Open-Source Psychometrics Project 下載 Rosenberg Self-Esteem Scale 資料壓縮檔 (RSE.zip)，解壓縮後的目錄中有 data.csv 此原始資料檔。

(2) 點選 **Open** → **Computer**，選擇「data.csv」。

(3) JASP 匯入 .csv 格式資料檔時，會自動將該資料檔第一列 (row) 視為變數名稱，並根據資料內容將之辨識為「Nominal」（類別變數）、「Ordinal」（次序變數）或「Scale」（連續變數）。

(4) 將資料另存為「RSE.jasp」檔。

(5) 最右邊的「country」變數為類別變數，其類別變數圖示右下角有一個小寫「a」，表示該類別變數的原始資料為字串（Value 下方之 A1、A2、AE 等字串）。此種類別變數無法點選變數類別標示直接更改其類型。

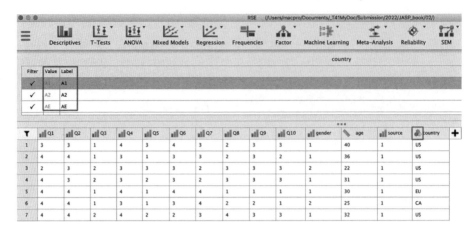

圖 2-3 開啟「data.csv」另存「RSE.jasp」後之視窗

4. 計算新變數：反向計分

　　Rosenberg (1965) 的自尊量表共有 10 題，以李克特 5 點量尺（1 =
非常不同意，5 = 非常同意）進行測量。整體量表得分越高，表示個人
自評自尊越高。該量表共有 5 題反向計分題 (Q3, Q5, Q8, Q9, Q10)，如：
Q9 為「I certainly feel useless at times」，此題稱為「反向題」或「反向
計分題」，得分越高者反而表示自尊越低。當測量量表包含反向題時，
應先對這些反向題重新計分。為了避免資料分析時，因為未處理反向題
造成分析錯誤（如：信度過低），筆者建議讀者不要更動原始資料，而
是透過製作新變數來處理反向計分題。未來若對分析有疑慮時，才能透
過比對原始資料來確認。

　　反向題重新計分方式為「（量尺刻度 + 1）－（原始變數得分）」。
以 Q3 為例，反向計分的新變數 (Q3r) 可用「Q3r = 6 - Q3」此數學式來
表示。以下說明計算新變數之方法。

(1) 確認要進行算術運算的變數為「Scale」類型。匯入資料後，JASP
　　自動將 Q1 至 Q10 都判定為「Ordinal」類型變數，故先將這 10 個

變數調整為「Scale」變數。依次按下 Q1 至 Q10 變數左方的資料類型圖示，將這些變數的類型由「Ordinal」改成「Scale」，修改完後存檔。

(2) 以 Q3 此反向題為例，按下最後一個變數「country」右方「＋」後，出現新增變數 **Create Computed Column** 的對話方格（如圖 2-4a 與圖 2-4b），在「Name」中寫入新變數名稱 (Q3r)，並設定變數為「Scale」。

(3) 以輸入 R code 方式建立新變數：

    a. 點選對話方格中左邊藍色的 **R** 圖示按鍵（如圖 2-4a），接著按下 **Create Column** 帶出編輯方格。

    b. 在公式區輸入「6-Q3」（原變數名稱大小寫需相同）後，最後按下 **Compute Column** 。

    c. 資料最右一行為新增成功的「Q3r」變數，且變數名稱前有「fx」字樣，代表不是原始資料的變數（如圖 2-5）。

(4) 以拖曳方式建立新變數：

    a. 點選對話方格中右邊白色的 **手套** 圖示按鍵（如圖 2-4b），接著按下 **Create Column** 帶出編輯方格。

    b. 將上方的減號拉入公式區後，會出現「... - ...」。

    c. 將公式區左方的「Q3」變數拉到「-」號右邊的「...」，按下「-」號左邊的「...」以輸入數字 6，最後按下 **Compute column** 。

    d. 資料最右一行為新增成功的「Q3r」變數，且變數名稱前有「fx」字樣，代表不是原始資料的變數（如圖 2-6）。

(5) 若要刪除某新增變數，點選該變數後帶出圖 2-5 或圖 2-6 之編輯畫面，游標移到最左方的 **小垃圾桶圖示** 後出現 **Remove Computed Column** 提示訊息，按下 **小垃圾桶圖示** 即可刪除該新增變數。

(6) 若要匯出更新後的資料，選擇功能選單中的 **Export Data** （請參見第 1 章內容），即可將資料以 .csv 格式匯出。

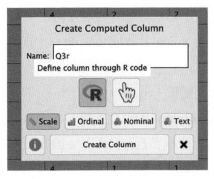

圖 2-4a 以 R 語法新增變數

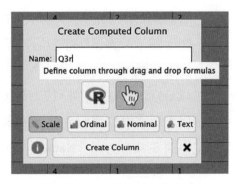

圖 2-4b 以拖曳法新增變數

圖 2-5 以 R code 計算新變數 Q3r

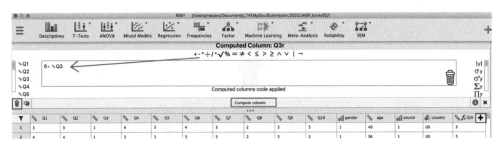

圖 2-6 以拖曳方式計算新變數 Q3r

5. 計算新變數：平減至樣本平均數

　　執行調節效果分析前，需要將自變數與調節變數進行樣本平均數平減 (meancentering)，因此需要先算出某研究變數之平均數，才能進行平減。以自尊量表為例，以下為計算變數之平均數的三種方式：

(1) 先將所有反向題進行反向計分，新增「Q3r」、「Q5r」、「Q8r」、「Q9」與「Q10r」共 5 個變數，之後以「R」公式方式新增「mSE」此變數，其計算公式為「(Q1+Q2+Q3r+Q4+Q5r+Q6+Q7+Q8r+Q9r+Q10r)/10」。

(2) 若不處理反向題，則透過「R」公式新增「mSE」變數，公式為「(Q1+Q2+(6-Q3)+Q4+(6-Q5)+Q6+Q7+(6-Q8)+(6-Q9)+(6-Q10)/10」。

(3) 以拖曳方式新增平減變數「mSEc」（如圖 2-7）。

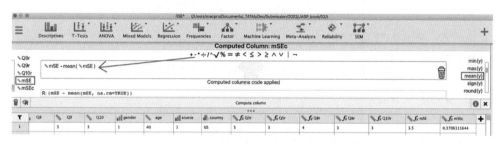

圖 2-7 以拖曳方式計算新變數 mSEc

6. 選擇部分樣本

　　JASP 可透過勾選「Nominal」或「Ordinal」的特定數值，來選擇部分樣本。以下舉例說明選擇「gender = 1」該組資料的方式，請參見圖 2-8。

(1) 游標移到「gender」此變數後，會出現提示訊息 **Click here to change labels or inspert filter**。

(2) 按下變數後出現編輯變數內容的畫面。從左方到右方依次為 **Filter**、**Value** 與 **Label**。

(3) 若要修改變數標籤，在 **Label** 該欄填上相應的標籤即可，以此資料來說，可將「0」改成「None」、「1」改成「M」、「2」改成「F」、「3」改成「Other」。

(4) 在 **Filter** 下，將「Value = 1」的其他組都打 **X**。未被選擇的資料會出現反白，且變數名稱右方會出現 **漏斗** 圖示。

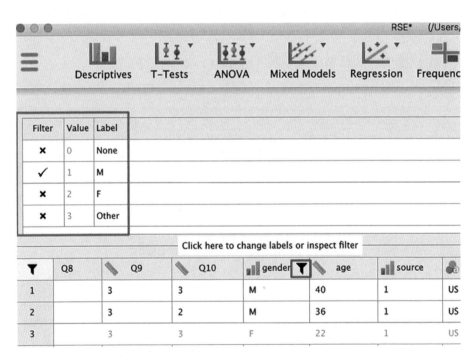

圖2-8　以變數「Filter 功能」選擇部分樣本

7. 其他

　　JASP對於變數類型要求較為嚴格，「gender_e」此變數為類別變數。進行迴歸分析時，無法將其視為連續變數放入 **Covariates** 該欄中，只能作為類別變數「Factors」分析。若只考量該類別變數的直接效果，差異在於此分析結果無法提供完全標準化的數據。但若此變數涉及調節效果，由於無法計算平均數，故無法進行平減，而且可能出現分析結果不同。因此，筆者建議在進行資料分析時，可重新製作一個相同的變數（如：gender_eS），將其變數類型設定為「Scale」連續變數，以方便後續分析。

8. 參考文獻

Fehr, R., Welsh, D., Yam, K. C., Baer, M., Wei, W., & Vaulont, M. (2019). Datasets: https://osf.io/zqjf6/?view_only=458a961a66e744188ed819346 6ab6a62

Open-source psychometrics project Rosenberg Self-esteem Scale dataset: http://openpsychometrics.org/_rawdata/RSE.zip

Rosenberg, M. (1965). Society and the adolescent self-image. Princeton, NJ: Princeton University Press.

03 Chapter
探索性因素分析

胡昌亞

　　美國喬治亞大學工商心理學博士，目前為國立政治大學企業管理學系特聘教授。研究領域為師徒關係、職涯發展、領導、商業數據分析。曾任《人力資源管理學報》主編。

1. 探索性因素分析 (EFA) 概念簡介

　　當研究涉及新的研究構念時，研究者會發展測量該構念的工具，也就是量表發展 (scale development)。無論是採取歸納 (inductive) 或演繹 (deductive) 的取向發展量表，研究者均可透過探索性因素分析 (exploratory factor analysis, EFA) 找出潛在構念，以及這些構念與題目的關係。關於量表發展的內容或流程，可參考 Hinkin (2005) 一文。

　　在因素分析領域，以下用詞經常交替使用，皆代表不可直接觀察到的研究構念：構念 (construct)、潛在構念 (latent construct)、因素 (factor)、因子 (factor)。關於因素分析之概念與內涵，可參考 Kachigan (1991) 之章節。古典測量理論認為測量題目得分 (O) 反應潛在構念真分數 (T) 與測量誤差 (E)，此想法 (O = T + E) 為共同因素模式 (common factor) 的前提。故進行 EFA 時，宜選擇基於共同因素模式的因素萃取技術（如：主軸分析法，principal axis factoring），而較不適合使用成分取向的技術（如：主成分法，principal component analysis, PCA）。此外，驗證性因素分析 (confirmatory factor analysis, CFA) 可視為探索性因素分析的特例，不宜使用相同的一組樣本資料分別進行 EFA 與 CFA。也就是先以某樣本運用 EFA 得出因素模式（因素與變數的關係）後，再以該樣本透過 CFA 驗證該因素模式合理性，此種做法 CFA 不具備實質考驗意義。

　　本章節以 Fehr 等人 (2019) 的資料進行 EFA，採共同因素模式的因素萃取法，分別以平行分析法與自訂個數法決定因素個數。以下有幾點說明：第一，由於社會科學的研究構念往往彼此有關，故在範例中選擇斜交轉軸。第二，以下介紹的內容，屬於量表發展論文之寫法，也就是假設此分析中所有題目都是重新發展設計的，而非引用既有量表改寫而成。第三，Fehr 等人 (2019) 研究一變數量測來源包括主管與員工，如「主管不道德利組織行為（員工評）」、「員工不道德利組織行為（主管評）」、「主管自評道德脫鉤」，以及「員工知覺主管道德脫鉤」。

而發展量表的研究多採用單一來源進行量測，與本範例不同。

2. JASP 分析設定

以 JASP 讀取 Fehr 等人 (2019) 研究一的資料「Study_1_Data. sav」後，將檔案另存成 U03.jasp，並將以下變項類型設定爲連續變數「Scale」：sUPB1-sUPB6、epsmd1-epsmd5、eUPB1-eUPB6、smd1-smd5、perf1-perf3、smdis1-smdis8，修改完後按下「Save」。除非特別說明，否則表示分析採用 JASP 預設的選項。分析設定如圖 3-1 所示。

(1) 選擇 **Factor** 模組中的 **Exploratory Factor Analysis** ，以使用共同因素模式的因素萃取方式。若要使用主成分法，則在 **Factor** 模組中選擇 **Principal Component Analysis** 。

(2) 將 sUPB1 至 smdis8 共 33 個題目選入 **Variables** 中。

(3) 在 **Number of Factors** 中勾選 **Parallel analysis** ，預設值爲 **Based on FA** 。此平行分析的選項僅在 JASP 0.16.1 才有。

(4) 在 **Estimation method** 中選擇 **Principal axis factoring** 。

(5) 在 **Rotation** 中選擇 **Oblique** 的 **promax** 。

(6) 勾選在 **Output Options** 中 **Assumption checks** 的兩個考驗。

(7) 在 **Output Options** 中 **Order factor loadings by** 勾選 **Variables** 。

(8) 在 **Output Options** 中 **Tables** 的所有選項 **Additional fit indices** 可不選。

(9) 勾選 **Output Options** 中 **Plots** 的所有選項。

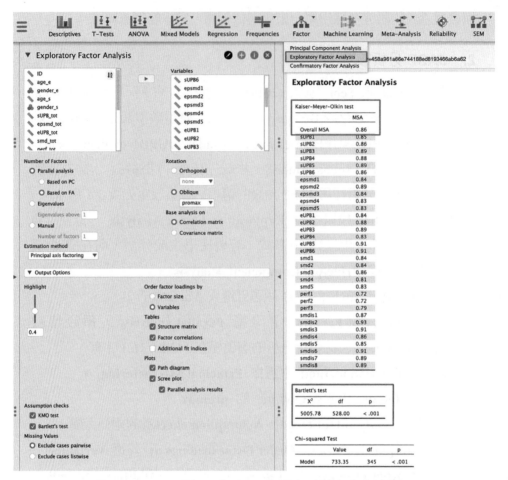

圖 3-1 JASP 分析設定（以平行分析法確定因素個數）

3. JASP 報表解讀

(1) 確認資料是否合適進行 EFA

根據圖 3-1 所示，KMO 檢定之 MSA 值為 .86（最好高於 .80，不宜低於 .60），且 Bartlett 球型檢定顯著（$\chi^2 = 5005.78$, $df = 528$, $p < .01$)，故資料可進行 EFA。

(2) 決定因素個數（平行分析法以陡坡圖方式顯示）

圖 3-2 為陡坡圖，實線圓點為此筆資料萃取出個別因素的特徵值 (Eigenvalue)，虛線三角形點則為隨機資料的個別因素特徵值。由陡坡圖可知，一直到第 6 個因素為止，此資料的個別因素解釋力都高於隨機資料因素的解釋力（Data 線比 Simulated data 線為高），根據平行分析法之結果，此資料最合理的因素個數為 6 個。

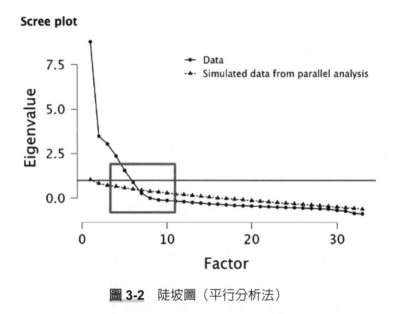

圖 3-2 陡坡圖（平行分析法）

(3) 根據圖 3-3 的上半部「Factor Characteristics」，反應個別因素可解釋的總變異量。左側為轉軸前 (Unrotated solution) 的因素解，右側為轉軸後 (Rotated solution) 的因素解。雖然使用不同轉軸法時，個別因素可解釋之變異量不同，如轉軸前第一個因素解釋量為 0.28，但轉軸後則只有 0.15。但 6 個因素可解釋的總變異量不變，皆為 0.70，表示可解釋的變異量為 70%。

(4) 根據圖 3-3 下半部「Factor Correlations」，某些因素間有中高度相關（如：Factor 1 與 Factor 3 相關為 .46），故採取斜交轉軸是合理的。

Factor Characteristics

	Unrotated solution			Rotated solution		
	SumSq. Loadings	Proportion var.	Cumulative	SumSq. Loadings	Proportion var.	Cumulative
Factor 1	9.15	0.28	0.28	4.96	0.15	0.15
Factor 2	3.98	0.12	0.40	4.56	0.14	0.29
Factor 3	3.50	0.11	0.50	4.41	0.13	0.42
Factor 4	2.86	0.09	0.59	3.67	0.11	0.53
Factor 5	2.14	0.06	0.66	2.69	0.08	0.61
Factor 6	1.34	0.04	0.70	2.68	0.08	0.70

Factor Correlations

	Factor 1	Factor 2	Factor 3	Factor 4	Factor 5	Factor 6
Factor 1	1.00	0.31	0.46	0.17	−0.15	0.29
Factor 2	0.31	1.00	0.34	0.20	0.00	0.16
Factor 3	0.46	0.34	1.00	0.18	0.02	0.28
Factor 4	0.17	0.20	0.18	1.00	−0.03	0.50
Factor 5	−0.15	0.00	0.02	−0.03	1.00	−0.12
Factor 6	0.29	0.16	0.28	0.50	−0.12	1.00

圖 3-3 因素可解釋變異量與因素間相關（平行分析法）

(5) 確定因素個數與轉軸方式後，檢查有無負值的殘差變異數以判定因素分析解是否合理。若出現負值，則為 Heywood case。表示此因素分析解有問題，不能使用。檢查圖 3-4 中「Uniqueness」該欄，並無負值的殘差，則代表此因素解合理，可進一步檢視個別題目的因素負荷量。

(6) 根據經驗法則，因素負荷量 (factor loadings) 高於 .40 為有意義的因素負荷量。因為此分析採用斜交轉軸，會有兩種因素負荷量報表。「Factor loadings」為樣式矩陣 (pattern matrix) 的因素負荷量（如圖 3-4），一般報告此因素負荷量。而「Factor loadings (Structure Matrix)」則是結構矩陣的因素負荷量（如圖 3-5），該數值反應題

目與因素之相關。

(7) 讀者可用不同的因素萃取法與轉軸法進行 EFA，看看結果是否相同。以此筆資料來說，不同因素萃取法與轉軸法都可獲得相同的 6 個因素解。

Factor Loadings

	Factor 1	Factor 2	Factor 3	Factor 4	Factor 5	Factor 6	Uniqueness
sUPB1		0.83					0.25
sUPB2		0.87					0.19
sUPB3		0.91					0.19
sUPB4		0.85					0.26
sUPB5		0.84					0.25
sUPB6		0.83					0.33
epsmd1				0.85			0.29
epsmd2				0.89			0.22
epsmd3				0.90			0.21
epsmd4				0.90			0.16
epsmd5				0.68			0.43
eUPB1			0.74				0.40
eUPB2			0.81				0.27
eUPB3			0.84				0.27
eUPB4			0.92				0.20
eUPB5			0.87				0.23
eUPB6			0.91				0.19
smd1						0.75	0.47
smd2						0.70	0.45
smd3						0.65	0.46
smd4						0.73	0.48
smd5						0.67	0.50
perf1					0.92		0.13
perf2					0.94		0.12
perf3					0.92		0.15
smdis1	0.76						0.41
smdis2	0.83						0.37
smdis3	0.72						0.39
smdis4	0.73						0.41
smdis5	0.71						0.42
smdis6	0.84						0.28
smdis7	0.84						0.30
smdis8	0.80						0.36

Note. Applied rotation method is promax.

圖 3-4　因素負荷量（樣式矩陣）

Factor Loadings (Structure Matrix) ▼

	Factor 1	Factor 2	Factor 3	Factor 4	Factor 5	Factor 6
sUPB1		0.86				
sUPB2		0.89				
sUPB3		0.90				
sUPB4		0.86				
sUPB5		0.86				
sUPB6		0.81				
epsmd1				0.84		0.42
epsmd2				0.88		0.44
epsmd3				0.88		0.42
epsmd4				0.91		0.45
epsmd5				0.74		0.46
eUPB1			0.77			
eUPB2	0.41		0.85			
eUPB3			0.84			
eUPB4	0.40		0.89			
eUPB5			0.87			
eUPB6	0.42		0.90			
smd1						0.72
smd2				0.40		0.73
smd3				0.42		0.71
smd4						0.72
smd5						0.70
perf1					0.93	
perf2					0.94	
perf3					0.92	
smdis1	0.76					
smdis2	0.79					
smdis3	0.76		0.43			
smdis4	0.76					
smdis5	0.74		0.40			
smdis6	0.84					
smdis7	0.83					
smdis8	0.79					

Note. Applied rotation method is promax.

圖 3-5　因素負荷量（結構矩陣）

4. 分析結果撰寫範例

本研究在進行探索性因素分析前，先檢驗資料是否適於探索性因素分析。分析結果顯示，KMO 值為 .86 且 Bartlett 球型檢定顯著 (χ^2 = 5005.78, df = 528, p < .01)，故此筆資料可進行探索性因素分析。本研究採平行分析法及陡坡圖決定因素個數，根據圖 3-6 所示（論文需檢討此圖），應萃取 6 個因素。接著以主軸分析法進行估計，並採取 promax 斜交轉軸，6 個因素可解釋之總變異量為 70%。

表 3-1 整理了題目的因素負荷量（僅報告數值高於 0.4 者），並未出現負數的殘差值，故此因素解合理。每個題目僅反應一個因素，且因素負荷量皆高於 .40，也未出現交叉負荷 (cross-loading) 的問題。所萃取出來的 6 個因素呼應本研究欲測量的 6 個潛在構念，根據題目內涵將個別因素分別命名為「主管不道德利組織行為」、「員工知覺主管道德脫鉤」、「主管自評道德脫鉤」、「員工不道德利組織行為」、「工作表現」、及「主管道德疏離」。

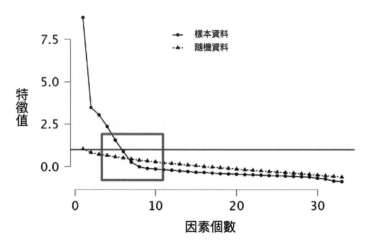

圖 3-6 陡坡圖（平行分析法）

表 3-1 因素負荷量表

題目	smdis	sUPB	eUPB	epsmd	perf	smd	殘差
sUPB1		0.83					0.25
sUPB2		0.87					0.19
sUPB3		0.91					0.19
sUPB4		0.85					0.26
sUPB5		0.84					0.25
sUPB6		0.83					0.33
epsmd1				0.85			0.29
epsmd2				0.89			0.22
epsmd3				0.90			0.21
epsmd4				0.90			0.16
epsmd5				0.68			0.43
eUPB1			0.74				0.40
eUPB2			0.81				0.27
eUPB3			0.84				0.27
eUPB4			0.92				0.20
eUPB5			0.87				0.23
eUPB6			0.91				0.19
smd1						0.75	0.47
smd2						0.70	0.45
smd3						0.65	0.46
smd4						0.73	0.48
smd5						0.67	0.50
perf1					0.92		0.13
perf2					0.94		0.12
perf3					0.92		0.15
smdis1	0.76						0.41
smdis2	0.83						0.37
smdis3	0.72						0.39
smdis4	0.73						0.41
smdis5	0.71						0.42
smdis6	0.84						0.28
smdis7	0.84						0.30
smdis8	0.80						0.36

Note. Applied rotation method is promax.

5. 參考文獻

Fehr, R., Welsh, D., Yam, K. C., Baer, M., Wei, W., & Vaulont, M. (2019). Datasets: https://osf.io/zqjf6/?view_only=458a961a66e744188ed819346 6ab6a62

Hinkin, T. R. (2005). Scale development principles and practices. In R. A. Swanson & E. F. Holton (Eds). *Research in organizations: Foundations and methods of inquiry*, pp. 161-180. Berrett-Koehler.

Kachigan, S. K. (1991). Factor analysis. In *Multivariate statistical analysis: A conceptual introduction* (2nd ed.), pp. 236-260. New York, NY, US: Radius Press.

Chapter 3

探索性因素分析

04
Chapter
驗證性因素分析

楊文芬

　　國立交通大學經營管理研究所博士，目前爲國立中正大學企業管理學系副教授。研究領域爲人才招募、甄選面談、企業危機處理與溝通。

1. 驗證性因素分析 (CFA) 概念簡介

如前述探索性因素分析章節中所述，驗證性因素分析 (confirmatory factor analysis, CFA) 可視爲探索性因素分析中的一個特例，用來了解資料所反應的潛在因素結構。在 OB/HR 研究進行的過程中，先確認研究者所測量的潛在構念 (latent construct) 具有建構效度 (construct validity)，才能進一步考驗不同潛在構念之結構關係 (Anderson & Gerbing, 1988)。一般針對既有研究構念（如：UPB），研究者會使用已在學術期刊上發表的量表來測量構念。研究者以 CFA 提供反應測量品質的測量模型 (measurement model)，並進一步與其他可能之測量模型比較，以提供建構效度的證據。由於模型複雜度及樣本數均會影響 CFA 的結果，故需採用多個配適度指標以判斷因素模型的配適是否良好 (DiStefano & Hess, 2005, Hu & Bentler, 1999)。

2. 驗證性因素分析範例簡介

本章節以 Fehr 等人 (2019) 研究一的資料 (Study_1_Data.sav) 爲例，使用 **Factor** 模組的 **Confirmatory Factor Analysis**，檢驗六因素模型（sUPB、epsmd、eUPB、smd、perf 與 smdis）。並依照研究一中的 Table 2 分析兩個競爭模型（M1 和 M2）。M1 爲將 epsmd 與 smd 合併爲單一因子後的五因素模型。M2 爲 smd 與 smdis 合併爲單一因子後的五因素模型。在本章節中，筆者交替使用「構念」與「因素」代表研究者所感興趣的潛在構念，有些學者或教科書中，會將因素 (factor) 稱爲「因子」。同時，筆者將 model 稱爲模型，有些學者則稱爲模式。

3. JASP 分析設定（如圖 4-1 所示）

(1) 開啟 Study_1_Data.sav 檔案，並另存成 U04.jasp，將以下變數皆設爲連續變數 (Scale)：sUPB1-sUPB6、epsmd1-epsmd5、eUPB

1-eUPB6、smd1-smd5、perf1-perf3 及 smdis1-smdis8。或可直接開啟 U03.jasp 檔案。

(2) 選擇 **Factor** 模組的 **Confirmatory Factor Analysis** 。

(3) 將 sUPB1- sUPB6 這 6 個題目都選入 Factor 1，並點選 Factor 1 將其稱改爲 sUPB，修改名稱與否僅影響路徑圖中的潛在變數名稱。

(4) 點選 Factor 1 欄位下的 **+** 選項，新增另外 5 個因素的欄位。

(5) 按照步驟 (2) 的做法，依序將 epsmd1-epsmd5、eUPB1-eUPB6、smd1-smd5、perf1-perf3 及 smdis1-smdis8 等變數放入 Factor2 至 Factor6 的欄位中，並將這些 Factor 更名爲 epsmd、eUPB、smd 、perf、及 smdis。

(6) 在 **Model Options** 中，可從 **Factor Scaling** 爲潛在構念設定尺規。JASP 預設的方法，是 **Factor variances** ，表示個別潛在構念的變異數都固定爲 1，此與一般 SEM 分析軟體（如：Mplus、LISREL 等）的預設相同。另一個常用的方式，爲 **Marker variables** ，跨群分析時需使用此方式。此單元的分析僅檢視單一樣本中的測量模型，故使用預設方式即可。

(7) 在 **Additional Output** 中，勾選「**Additional fit measures**」及「**R-squared**」。

(8) 在 **Advanced** 的「**Estimator**」勾選 **ML** 、 **Standardization** 勾選 **All** ，以產生標準化因素負荷量。

(9) 研究者如欲檢視驗證性因素結構的圖形，可在 **Plots** 中勾選 **Model Plot** 及其下的 **Show parameters** ，即可顯示因數結構模型圖。

(10) 比較競爭模型的部分，以 M1 競爭模型爲例，如欲合併 epsmd 與 smd 爲單一因子可依循步驟 (1)，將 epsmd1-epsmd5 及 smd1-smd5 共 10 個題目一起放入 Factor2 的欄位內，之後再依序將

eUPB 1-eUPB6、perf1-perf3 及 smdis1-smdis8 等變項放入 Factor3
至 Factor5 的欄位，並在 **Additional Output** 中勾選 **Additional fit
measures** 及「**R-squared**」即可。

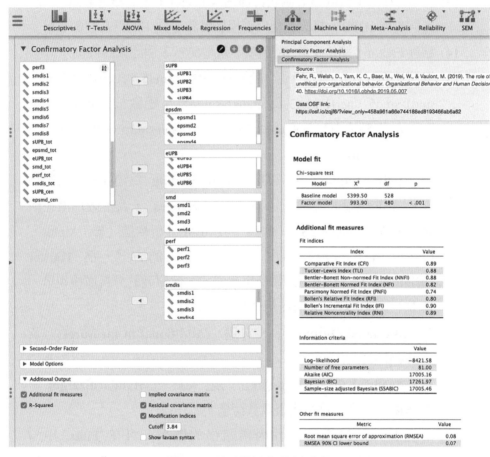

圖 4-1 驗證性因素分析設定

4. JASP 報表解讀

(1) 模型參數估計值

    a. 如圖 4-2 所示，檢視「Parameter estimates」報表下的「Factor

loadings」結果，確認所有的因素負荷量 (estimate) 的 p 值是否都達到顯著水準。若顯著，則為聚合效度 (convergent validity) 提供證據 (Anderson & Gerbing, 1988)，此外也建議檢視因素負荷量是否都大於 0.5 以上 (Bagozzi & Yi, 1988)。

b. 如圖 4-3 所示，檢視「Parameter estimates」報表下的「Residual variances」結果，確認沒有負的殘差變異數 Estimate 存在、所有的殘差變異數的 p 值是否都達到顯著水準。

Parameter estimates ▼

Factor loadings ▼

Factor	Indicator	Symbol	Estimate	Std. Error	z-value	p	95% Confidence Interval		Std. Est. (all)
							Lower	Upper	
sUPB	sUPB1	$\lambda 11$	1.21	0.08	14.41	< .001	1.04	1.37	0.88
	sUPB2	$\lambda 12$	1.31	0.09	15.00	< .001	1.14	1.48	0.89
	sUPB3	$\lambda 13$	1.33	0.09	14.90	< .001	1.16	1.51	0.89
	sUPB4	$\lambda 14$	1.52	0.11	13.43	< .001	1.30	1.74	0.84
	sUPB5	$\lambda 15$	1.27	0.09	14.30	< .001	1.10	1.45	0.87
	sUPB6	$\lambda 16$	1.35	0.11	12.55	< .001	1.14	1.56	0.80
epsmd	epsmd1	$\lambda 21$	1.51	0.11	13.69	< .001	1.30	1.73	0.85
	epsmd2	$\lambda 22$	1.53	0.11	14.51	< .001	1.33	1.74	0.88
	epsmd3	$\lambda 23$	1.49	0.10	14.73	< .001	1.29	1.69	0.88
	epsmd4	$\lambda 24$	1.43	0.09	15.14	< .001	1.25	1.62	0.90
	epsmd5	$\lambda 25$	1.13	0.10	11.45	< .001	0.94	1.32	0.75
eUPB	eUPB1	$\lambda 31$	0.96	0.08	11.64	< .001	0.80	1.12	0.76
	eUPB2	$\lambda 32$	1.06	0.08	13.30	< .001	0.90	1.21	0.83
	eUPB3	$\lambda 33$	1.33	0.10	13.91	< .001	1.15	1.52	0.85
	eUPB4	$\lambda 34$	1.34	0.09	14.99	< .001	1.16	1.51	0.89
	eUPB5	$\lambda 35$	1.22	0.09	14.24	< .001	1.05	1.39	0.86
	eUPB6	$\lambda 36$	1.33	0.09	15.44	< .001	1.16	1.50	0.91
smd	smd1	$\lambda 41$	1.29	0.13	10.28	< .001	1.04	1.53	0.72
	smd2	$\lambda 42$	1.31	0.13	10.37	< .001	1.06	1.56	0.73
	smd3	$\lambda 43$	1.34	0.13	10.66	< .001	1.09	1.59	0.74
	smd4	$\lambda 44$	1.28	0.13	10.09	< .001	1.03	1.52	0.71
	smd5	$\lambda 45$	1.01	0.11	9.40	< .001	0.80	1.22	0.68
perf	perf1	$\lambda 51$	1.21	0.07	16.47	< .001	1.06	1.35	0.94
	perf2	$\lambda 52$	1.18	0.07	16.44	< .001	1.04	1.32	0.94
	perf3	$\lambda 53$	1.15	0.07	15.87	< .001	1.01	1.29	0.92
smdis	smdis1	$\lambda 61$	1.00	0.09	11.52	< .001	0.83	1.16	0.76
	smdis2	$\lambda 62$	0.95	0.08	12.06	< .001	0.80	1.11	0.78
	smdis3	$\lambda 63$	1.21	0.11	11.52	< .001	1.01	1.42	0.75
	smdis4	$\lambda 64$	1.06	0.09	11.55	< .001	0.88	1.24	0.76
	smdis5	$\lambda 65$	1.07	0.10	11.05	< .001	0.88	1.26	0.73
	smdis6	$\lambda 66$	1.18	0.09	13.77	< .001	1.02	1.35	0.85
	smdis7	$\lambda 67$	1.36	0.10	13.60	< .001	1.17	1.56	0.84
	smdis8	$\lambda 68$	1.19	0.10	12.19	< .001	1.00	1.38	0.78

圖 4-2 模型參數估計報表：因素負荷量

Chapter 4
驗證性因素分析

Residual variances ▼

Indicator	Estimate	Std. Error	z-value	p	95% Confidence Interval		Std. Est. (all)
					Lower	Upper	
sUPB1	0.44	0.07	6.81	< .001	0.32	0.57	0.23
sUPB2	0.43	0.07	6.52	< .001	0.30	0.55	0.20
sUPB3	0.47	0.07	7.07	< .001	0.34	0.60	0.21
sUPB4	0.98	0.13	7.43	< .001	0.72	1.24	0.30
sUPB5	0.54	0.07	7.75	< .001	0.41	0.68	0.25
sUPB6	1.02	0.13	8.03	< .001	0.77	1.27	0.36
epsmd1	0.90	0.12	7.49	< .001	0.67	1.14	0.28
epsmd2	0.70	0.10	6.89	< .001	0.50	0.90	0.23
epsmd3	0.62	0.09	7.02	< .001	0.45	0.80	0.22
epsmd4	0.48	0.08	6.34	< .001	0.33	0.63	0.19
epsmd5	0.99	0.12	8.52	< .001	0.77	1.22	0.44
eUPB1	0.68	0.08	8.42	< .001	0.52	0.83	0.42
eUPB2	0.51	0.06	7.86	< .001	0.38	0.63	0.31
eUPB3	0.67	0.09	7.80	< .001	0.50	0.84	0.27
eUPB4	0.47	0.07	7.16	< .001	0.34	0.59	0.21
eUPB5	0.50	0.07	7.69	< .001	0.37	0.63	0.25
eUPB6	0.38	0.06	6.78	< .001	0.27	0.49	0.18
smd1	1.54	0.20	7.53	< .001	1.14	1.94	0.48
smd2	1.54	0.21	7.43	< .001	1.13	1.94	0.47
smd3	1.47	0.20	7.24	< .001	1.07	1.87	0.45
smd4	1.56	0.21	7.46	< .001	1.15	1.98	0.49
smd5	1.21	0.16	7.78	< .001	0.91	1.51	0.54
perf1	0.19	0.04	5.50	< .001	0.12	0.26	0.12
perf2	0.19	0.03	5.59	< .001	0.12	0.25	0.12
perf3	0.24	0.04	6.65	< .001	0.17	0.31	0.15
smdis1	0.75	0.09	8.38	< .001	0.57	0.92	0.43
smdis2	0.59	0.07	8.30	< .001	0.45	0.73	0.39
smdis3	1.11	0.13	8.42	< .001	0.85	1.37	0.43
smdis4	0.83	0.10	8.27	< .001	0.63	1.03	0.43
smdis5	0.97	0.12	8.42	< .001	0.75	1.20	0.46
smdis6	0.54	0.07	7.48	< .001	0.40	0.68	0.28
smdis7	0.76	0.10	7.59	< .001	0.56	0.95	0.29
smdis8	0.88	0.11	8.21	< .001	0.67	1.09	0.38

圖 4-3 模型參數估計報表：殘差變異數

(2) 整體模型配適度指標

a. 圖 4-4 為整體模型配適度指標報表。卡方考驗為相對指標的基礎，故需報導卡方值與自由度。「Additional fit measures」報表的「Fit indices」與「Other fit measures」有其他指標，建議以

Hu 與 Bentler (1999) 之標準（CFI ≥ .95，NNFI ≥ .95，RMSEA ≤ .06，與 SRMR ≤ .08）來判斷模型好壞。

b. 若模型適配度不佳時，有些研究者建議參考模型修正指標「Modification indices」報表下對應之「Mod. Ind.」數值，將數值較大的參數改為自由估計。但此方法違背驗證性因素分析的前提與目的，且隱含研究構念的構念效度有問題，故 OB/HR 的領域一般不建議採取此做法。此外，有些學術期刊為確認模式設定合理，會要求投稿者使用 Cortina 等人 (2017) 的網站計算分析模型應有的自由度，並提交模式自由度計算結果 (https://gmuiopsych.shinyapps.io/degreesoffreedom/)。

Model fit

Chi-square test

Model	X²	df	p
Baseline model	5399.50	528	
Factor model	993.90	480	< .001

Additional fit measures

Fit indices

Index	Value
Comparative Fit Index (CFI)	0.89
Tucker–Lewis Index (TLI)	0.88
Bentler–Bonett Non-normed Fit Index (NNFI)	0.88
Bentler–Bonett Normed Fit Index (NFI)	0.82
Parsimony Normed Fit Index (PNFI)	0.74
Bollen's Relative Fit Index (RFI)	0.80
Bollen's Incremental Fit Index (IFI)	0.90
Relative Noncentrality Index (RNI)	0.89

圖 4-4　整體模型配適度指標報表

Information criteria

	Value
Log-likelihood	−8421.58
Number of free parameters	81.00
Akaike (AIC)	17005.16
Bayesian (BIC)	17261.97
Sample-size adjusted Bayesian (SSABIC)	17005.46

Other fit measures

Metric	Value
Root mean square error of approximation (RMSEA)	0.08
RMSEA 90% CI lower bound	0.07
RMSEA 90% CI upper bound	0.08
RMSEA p-value	1.06e−10
Standardized root mean square residual (SRMR)	0.05
Hoelter's critical N (α = .05)	95.22
Hoelter's critical N (α = .01)	99.28
Goodness of fit index (GFI)	0.74
McDonald fit index (MFI)	0.23
Expected cross validation index (ECVI)	6.57

圖 4-4 整體模型配適度指標報表（續）

(3) 確認構念信度指標：

研究者可報告組成信度 (composite reliability, CR) 與平均變異抽取量 (average variance extracted, AVE)，以作爲評估構念信度的參考數據。

a. 組成信度 (CR) 可從 **Reliability** 模組中 **Scale Statistics** 之 **McDonald's** ω 數值得知，CR 的數值應大於 .60。操作方式請參考第 5 章。

b. 平均變異抽取量 (AVE) 反應測量同一個單一潛在構念的每個題目，其個別題目變異量有多少比率反應潛在構念之變異量。

JASP 報表未提供 AVE 數值，研究者可參考本章節附檔 (U04_AVE.xlsx)，根據潛在變數的題目數選擇工作表，將題目的標準化因素負荷量填入檔案中，即可獲得 AVE 數值，AVE 應大於 .50 以上。

5. 分析結果撰寫範例

在進行假設考驗之前，本研究根據 Anderson 與 Gerbing (1988) 之建議，先以 JASP 0.16.1 版軟體進行驗證性因數分析 (confirmatory factor analysis)，以提供建構效度之證據。結果顯示，依理論模型架構設定之六因子模型模型配適度不佳 (χ^2 = 993.90, df = 480, CFI = .89, NNFI = .88, RMSEA = .08, SRMR = .05)。雖然模型指標未達到過去學者所建議之數值 (Hu & Bentler, 1995)，但優於其他兩個五因子競爭模型（M1 與 M2）。M1 將 epsmd 與 smd 合併為單一因子 (χ^2 = 1219.28, df = 485, CFI = .85, NNFI = .84, RMSEA = .09, SRMR = .08)，M2 將 smd 與 smdis 合併為單一因子 (χ^2 = 1311.74, df = 485, CFI = .83, NNFI = .82, RMSEA = .10, SRMR = .10)。

6. 補充說明

本分析與 Fehr 等人 (2019) 所報告的數值略有差異，但分析結果與 Mplus 8.7 版，以 ML 估計法的分析結果類似（如圖 4-5）。Mplus 分析語法請參見 U04_Mplus.inp，資料檔為 Fehr2.csv，分析結果報表為 U04_Mplus.txt。

```
MODEL FIT INFORMATION

Number of Free Parameters                        114

Loglikelihood

        H0 Value                         -8421.579
        H1 Value                         -7924.628

Information Criteria

        Akaike (AIC)                     17071.158
        Bayesian (BIC)                   17432.593
        Sample-Size Adjusted BIC         17071.583
          (n* = (n + 2) / 24)

Chi-Square Test of Model Fit

        Value                              993.902
        Degrees of Freedom                     480
        P-Value                             0.0000

RMSEA (Root Mean Square Error Of Approximation)

        Estimate                             0.078
        90 Percent C.I.                      0.071    0.085
        Probability RMSEA <= .05             0.000

CFI/TLI

        CFI                                  0.895
        TLI                                  0.884

Chi-Square Test of Model Fit for the Baseline Model

        Value                             5399.496
        Degrees of Freedom                     528
        P-Value                             0.0000

SRMR (Standardized Root Mean Square Residual)

        Value                                0.052
```

圖 4-5　Mplus 8.7 整體模型配適度指標報表

7. 參考文獻

Anderson, J. C., & Gerbing, D. W. (1988). Structural equation modeling in practice: A review and recommended two-step approach. *Psychological Bulletin, 103*, 411-423.

Cortina, J. M., Green, J. P., Keeler, K. R., & Vandenberg, R. J. (2017). Degrees of freedom in SEM: Are we testing the models that we claim to test? *Organizational Research Methods, 20*, 350-378. https://doi.org/10.1177/1094428116676345

Cortina 等人 (2017) 所提供的 SEM 模型自由度計算網站：
https://gmuiopsych.shinyapps.io/degreesoffreedom/

DiStefano, C., & Hess, B. (2005). Using confirmatory factor analysis for construct validation: An empirical review. *Journal of Psychoeducational Assessment, 23*, 225-241. https://doi.org/10.1177/073428290502300303

Fehr, R., Welsh, D., Yam, K. C., Baer, M., Wei, W., & Vaulont, M. (2019). Datasets: https://osf.io/zqjf6/?view_only=458a961a66e744188ed8193466ab6a62

Hu, L. T., & Bentler, P. M. (1999). Cutoff criteria for fit indexes in covariance structure analysis: Conventional criteria versus new alternatives. *Structural Equation Modeling: A Multidisciplinary Journal, 6*, 1-55. https://doi.org/10.1080/10705519909540118

05
Chapter

信度分析

游琇婷

美國伊利諾大學香檳分校心理計量博士，目前為國立政治大學心理學系副教授。研究領域為計量心理學、心理測驗、統計方法與資料分析。

1. 信度概念簡介

古典測驗理論中，任何的測量都可能有誤差，也就是測量所得的「測得分數」(Y) 可以拆解成「眞實分數」(T) 和「誤差」(E) 的和。依照古典測驗理論 (classical test theory)，信度 (reliability) 的定義爲測得分數 (Y) 和眞分數 (T) 之間關聯的強度；而信度的估計可以由 $\rho_{YT}^2 = (\dfrac{\rho_T^2}{\rho_Y^2})$ 獲得，其中 ρ_T^2 爲眞實分數的變異數，ρ_Y^2 爲測得分數的變異數。實徵研究中最常用的信度指標爲 Cronbach's α (1951)。Cronbach's α 指標主要評量量表的內部同質性、穩定度或是一致性。Cronbach's α 的計算公式爲：

$$Cronbach's\ \alpha = \frac{J}{J-1} \Sigma \left[1 - \frac{\Sigma\, s_j^2}{s^2} \right]$$

其中 J 爲題數，s^2 爲測驗總分的變異數，s_j^2 爲第 j 題的變異數。另一個人力資源管理和組織行爲研究中常報導的信度指標爲組成信度 (composite reliability, CR) 以及平均變異抽取量 (average variance extracted, AVE, Fornell & Larcker, 1981)。這兩個指標都適用於評量單一潛在構念的信度。組成信度 (CR) 和平均變異抽取量 (AVE) 的計算公式如下：

$$Composite\ reliability\ (CR) = \frac{(\Sigma_{j=1}^{J}\, \lambda_j)^2}{(\Sigma_{j=1}^{J}\, \lambda_j)^2 + \Sigma_{j=1}^{J}\, \psi_j}$$

$$Average\ variance\ extracted\ (AVE) = \frac{\Sigma_{j=1}^{J}\, \lambda_j^2}{\Sigma_{j=1}^{J}\, \lambda_j^2 + \Sigma_{j=1}^{J}\, \psi_j}$$

一般來說，量表 Cronbach's α 信度係數需達 .7 以上，方可用於學術研究。Fornell 與 Larcker (1981) 建議組成信度 (CR) 的係數應高於 .6；而平均變異抽取量 (AVE) 的信度指標則建議高於 .5。

信度評量在研究的不同階段都有其重要性。在測驗發展階段，信度評量幫助衡量所發展的題目間是否具一致性，也可以幫助研究者偵測和汰除品質不佳的個別題目。如研究中使用已經發展完備的正式量表，研究者也應進行信度分析以確認所收集資料的品質。

2. 信度分析設定

　　本章節以 Fehr 等人 (2019) 研究一測量員工的不道德利組織行為 (unethical pro-organizational behavior, UPB) 的量表範例，示範 JASP 計算信度之操作。此量表共有 6 題 (eUPB1-eUPB6)。

(1) 以 JASP 讀取 Fehr 等人 (2019) 研究一的資料「Study_1_Data. sav」後，將檔案另存成 U05.jasp。分析設定如圖 5-1 所示。

(2) 信度分析題目的資料類型須為連續類型「Scale」。須至資料視窗將題目 (eUPB1-eUPB6) 資料類型由原本類別「Nominal」改為連續「Scale」類型。修改完後按下「Save」。

(3) 若 JASP 上方模組列中沒有**信度模組** **Reliability** ，則需要透過右上角「 **+** 」中勾選**信度模組** **Reliability** 。

(4) 選擇 **Reliability** 中 **Classical** 的 **Unidimensional Reliability** 。

(5) 將欲檢驗信度的 6 個題目 (eUPB1-eUPB6) 選入 **Variables** 欄中。

(6) **Analysis** 表單中預設的 **Scale Statistics** 為 **McDonald's ω** ，計算 Cronbach's α 信度指標則須再勾選 **Cronbach's α** 選項。

(7) 另可勾選 **Scale Statistics** 中的 **Mean** 和 **SD** ，以提供量表總分的平均值和標準差。

(8) 欲針對個別題目進行分析，則可勾選 **Individual Item Statistics** 中 **McDonald's ω (if item dropped)** 和 **Cronbach's α (if item dropped)** ，以及 **Item-rest correlation** 等選項。

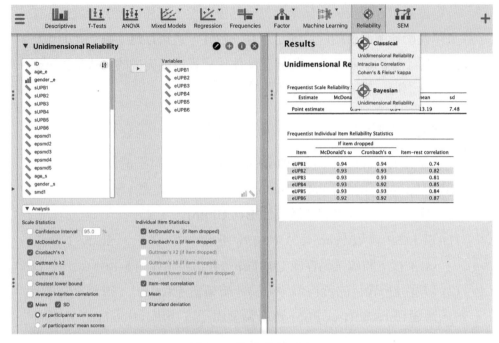

圖 5-1 信度分析設定

3. 信度分析報表解讀

本章節以 Fehr 等人 (2019) 研究一測量員工的不道德利組織行為 (unethical pro-organizational behavior, UPB) 的量表範例,示範 JASP 計算信度之操作。此量表共有 6 題 (eUPB1-eUPB6)。

(1) 圖 5-2 為信度分析設定後的信度分析結果。其中 Cronbach's α 值為 .94,此值也和 Fehr 等人 (2019) 論文中報告的數值相同。如欲計算的組成信度 (CR),因組成信度計算公式與 McDonald's ω 相同,所以計算的組成信度 (CR) 為 .94。以之前建議標準衡量,這 6 題員工的不道德利組織行為的信度相當高。

(2) 6 題的總分平均 (13.19) 和標準差 (7.48) 也在報表中呈現。

(3) 針對各單題的信度分析的報表,會在「Frequentist Individual Item

Reliability Statistics」中呈現，這些估計數值的意涵爲如該題目在量表中刪除後，所獲得的信度係數。例如：6 題中如刪除 eUPB6 一題，Cronbach's α 值由原來 .94 降低至 .92，爲 6 題之信度中降低最多的一題，也意味著 eUPB6 這一題是重要的一題，移除該題對整體量表信度的影響最大。

(4) 而「Item-rest correlation」爲「單題的分數」和「總分扣除這一題分數」的相關，這個相關大小也可以協助判斷各題和整體構念的關聯強度。越高的相關係數代表該題和測量的潛在構念的關聯越強，也是相對比較好的測量題目。範例中，eUPB6 的「Item-rest correlation」估計值爲 .87，和前面的分析一致，是 6 題中針對「員工的不道德利組織行爲」構念測量相對好的題目。

Unidimensional Reliability ▼

Frequentist Scale Reliability Statistics

Estimate	McDonald's ω	Cronbach's α	mean	sd
Point estimate	0.94	0.94	13.19	7.48

Frequentist Individual Item Reliability Statistics ▼

Item	If item dropped		Item–rest correlation
	McDonald's ω	Cronbach's α	
eUPB1	0.94	0.94	0.74
eUPB2	0.93	0.93	0.82
eUPB3	0.93	0.93	0.81
eUPB4	0.93	0.92	0.85
eUPB5	0.93	0.93	0.84
eUPB6	0.92	0.92	0.87

圖 5-2　信度分析報表

4. 信度分析寫作範例

一般實證研究中，會在研究方法的測量工具一節報告各測量工具之信度係數，也會將信度係數呈現在相關係數表的斜角。以下參考 Fehr 等人 (2019) 研究結果，說明如何報告信度係數。

主管的不道德利組織行為以 Umphress、Bingham 與 Mitchell (2010) 的 6 題版量表進行測量。因考量社會期許可能造成自評 UPB 的得分有所偏誤，故改由員工評估直屬主管的 UPB 程度，例題如：「若有必要，我的主管會向大眾隱匿可能會傷害公司的資訊」，題目使用李克特 7 點量尺 （1 表示「從未」、7 表示「總是」）。Cronbach's α 信度係數為 .94，組成信度 (composite reliability, CR) 亦為 .94，表示該量表之構念內部一致性良好。

5. 參考文獻

Cronbach L. J. (1951). Coefficient alpha and the internal structure of tests. *Psychometrika*, *16*, 297-334. https://doi.org/10.1007/BF02310555

Fehr, R., Welsh, D., Yam, K. C., Baer, M., Wei, W., & Vaulont, M. (2019). The role of moral decoupling in the causes and consequences of unethical pro-organizational behavior. *Organizational Behavior and Human Decision Processes, 153*, 27-40. https://doi.org/10.1016/j.obhdp.2019.05.007

Fornell, C., & Larcker, D. F. (1981). Evaluating structural equation models with unobservable variables and measurement errors. *Journal of Marketing Research,18*, 39-50. https://doi.org/10.2307/3151312

Umphress, E. E., Bingham, J. B., & Mitchell, M. S. (2010). Unethical behavior in the name of the company: The moderating effect of organizational identification and positive reciprocity beliefs on unethical pro-organizational behavior. *Journal of Applied Psychology, 95*, 769-780. https://doi.org/10.1037/a0019214

06
Chapter

描述統計與
關聯性分析

✒️ **黃瑞傑**

國立臺灣科技大學管理研究所博士，目前為
國立臺北商業大學企業管理系副教授。研究領域
為工作狂、心理資本、師徒關係、職涯發展和領
導效能。

1. 描述統計與相關分析概念簡介

本章節介紹以 JASP 進行描述統計與相關分析，製作一般學位論文資料的研究參與者人口統計表，或是學術期刊論文中常見的表 1（平均數、標準差、相關、信度）。描述統計 (descriptive statistics) 包含各研究變數的「平均數」(mean)、「標準差」(standard deviation)，以及不同類別或數值的「次數」(frequency)、「百分比」(percent) 等。

相關分析 (correlation analysis) 可檢驗兩個研究變數間之關聯性，通常是以皮爾森積差相關係數 (Pearson product-moment correlation coefficient) 來呈現兩連續變數間的關係強度、方向，以及是否有顯著的線性關係。相關係數 (r) 的值域介於 -1 與 +1 之間，$|r|$ 值越大代表關係越強，$|r|$ 值越小代表關係越弱；正負數值代表兩變數關係的方向，正值 / 負值代表正 / 負相關，數值 0 則代表不具線性關係。雖然 $|r|$ 值大小反應兩變數關聯性的強弱，但是否具有統計上的意義，則須透過統計 p 值來判斷。一般以 $p < .05$ 表示該統計數達顯著，若 $p \geq .05$ 則不顯著。此時即便兩變數間的相關不為 0（如：$r = .15, p = .07$），仍不宜對該相關數值進行解讀。此外，相關分析並非假設考驗，因此於分析結果撰寫時應避免表示因果關係，或是假設獲得支持之用詞。

當研究者想了解兩個類別變數的關聯性時，如：老、中、青三類顧客年齡層和使用折價券是否有關、離職是否與部門別有關等，可進行卡方獨立性檢定 (chi-square test of independence)。卡方分析時產生的列聯表 (contingency table)，即為實務上透過 Excel 或 Google Sheets 製作的樞紐分析表或交叉分析表，而以 JASP 製作的列聯表相較於使用 Excel 或 Google Sheets 的程序更為簡單。以下依次介紹描述統計分析、相關分析與卡方獨立性檢定分析。

2. 描述統計操作設定

以 JASP 讀取 Fehr 等人 (2019) 研究一資料「Study_1_Data.sav」後，將檔案另存成 U06.jasp。除非特別說明，否則表示分析採用 JASP 預設的選項。

(1) 按下 **Descriptives** 即出現 **Descriptive Statistics** 設定（如圖 6-1）。

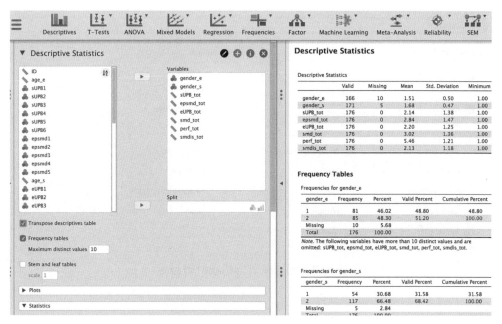

圖 6-1 描述統計分析設定介面

(2) 將 gender_e、gender_s（類別變數「Nominal」），以及 sUPB_tot、epsmd_tot、eUPB_tot、smd_tot、perf_tot、smdis_tot（連續變數「Scale」），共計 8 個變數選入 **Variables** 欄位中。右側「報表視窗」中，即會出現分析結果。

(3) 可勾選 **Transpose descriptive table** ，所呈現的分析結果格式（如圖 6-1 右上方表格）會類似於一般學術論文之表格。

(4) 若勾選「分析視窗」中的 **Frequency tables** ，會出現次數分配表的分析結果。

(5) 若想進一步得知其他統計量數，可在「分析視窗」中的 **Statistics** 中勾選所欲呈現的選項。一般來說，會勾選最大值、最小值、平均數、標準差（如圖 6-2）。

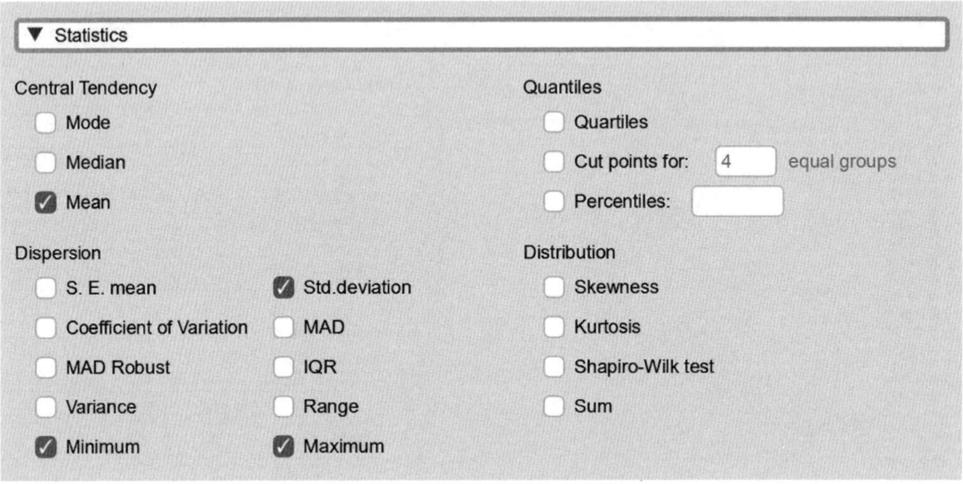

圖 6-2 描述統計分析統計數設定

3. 描述統計報表解讀

(1) 描述統計分析結果（如圖 6-3）

描述統計分析結果的報表中，包含各研究變數的「有效觀察值」、「遺漏值」、「平均數」、「標準差」、「最小值」及「最大值」。舉例來說，員工性別 (gender_e) 的平均數 Mean (M) = 1.51、標準差 Std. Deviation (SD) = 0.50；主管不道德利組織行為 (sUPB_tot) 的平均數 Mean (M) = 2.14、標準差 Std. Deviation (SD) = 1.38。其

中「遺漏值」指的是有多少樣本數沒有該變數的分數，在此研究中員工性別 (gender_e) 與主管性別 (gender_s) 有發生漏答的情況，因此遺漏值分別為 10、5；其餘變數遺漏值皆為 0，表示所有的填答者皆回答該題項。

Descriptive Statistics

Descriptive Statistics

	gender_e	gender_s	sUPB_tot	epsmd_tot	eUPB_tot	smd_tot	perf_tot	smdis_tot
Valid	166	171	176	176	176	176	176	176
Missing	10	5	0	0	0	0	0	0
Mean	1.51	1.68	2.14	2.84	2.20	3.02	5.46	2.13
Std. Deviation	0.50	0.47	1.38	1.47	1.25	1.36	1.21	1.18
Minimum	1.00	1.00	1.00	1.00	1.00	1.00	1.00	1.00
Maximum	2.00	2.00	7.00	7.00	5.50	7.00	7.00	6.50

圖 6-3 描述統計分析結果

(2) 次數分配表分析結果（如圖 6-4）

描述統計分析結果的報表中，包含各研究變數不同類別或數值的「次數」(Frequency)、「百分比」(Percent)、「有效百分比」(Valid Percent)，以及「累積百分比」(Cumulative Percent)。以員工性別 (gender_e) 的次數分配為例，從下面的報表得知受試者中，女性（編碼為 1）81 位，占 48.80%，男性（編碼為 2）85 位，占 51.20%，共有 10 筆資料有遺漏值。

Frequency Tables

Frequencies for gender_e

gender_e	Frequency	Percent	Valid Percent	Cumulative Percent
1	81	46.02	48.80	48.80
2	85	48.30	51.20	100.00
Missing	10	5.68		
Total	176	100.00		

Note. The following variables have more than 10 distinct values and are omitted: sUPB_tot, epsmd_tot, eUPB_tot, smd_tot, perf_tot, smdis_tot.

Frequencies for gender_s

gender_s	Frequency	Percent	Valid Percent	Cumulative Percent
1	54	30.68	31.58	31.58
2	117	66.48	68.42	100.00
Missing	5	2.84		
Total	176	100.00		

圖 6-4 次數分配表分析結果

4. 相關分析操作設定（如圖 6-5）

(1) 選擇 **Regression** 模組 → **Classical** ，選擇 **Correlation** 。接著將 gender_e、gender_s（類別變數「Nominal」），以及 sUPB_tot、epsmd_tot、eUPB_tot、smd_tot、perf_tot、smdis_tot（連續變數「Scale」），共計 8 個變數選入 **Variables** 欄位中。

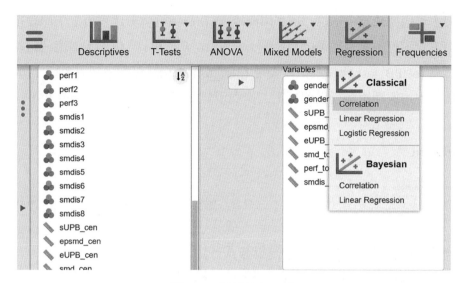

圖 6-5 相關分析設定

(2) 在「分析視窗」的「 **Additional Options** 」中，僅勾選 **Flag significant correlations** 。右側「報表視窗」中，即會出現分析結果。

(3) 在「分析視窗」的 **Options** 中，可選擇如何處理遺漏值。

　a. 若選擇 **Exclude cases pairwise** ，則僅在涉及該筆資料有遺漏值的分析時，才刪除該筆資料。

　b. 若選擇 **Exclude cases listwise** ，則任何一筆填答者的資料只要在分析變數上有遺漏值，就將該筆資料完全排除在所有分析中。

5. 相關分析結果報表解讀（如圖 6-6）

　　相關分析結果的報表中，顯示各研究變數兩兩間之關聯性。例如：主管不道德利組織行為 (sUPB_tot) 與員工知覺主管道德脫鉤 (epsmd_tot) 的相關係數 $(r) = 0.20**$ ，代表主管不道德利組織行為與員工知覺主管道德脫鉤有顯著的正相關 ($r = 0.20, p < .01$)。員工工作表現 (perf_tot) 與

與主管道德疏離 (smdis_tot) 的相關係數 $(r) = -0.16*$，代表員工工作表現與主管道德疏離有顯著的負相關 $(r = -0.16, p < .05)$。 員工不道德利組織行為 (eUPB_tot) 與員工工作表現 (perf_tot) 的相關係數 $(r) = 0.03$，代表員工不道德利組織行為與員工工作表現無顯著相關 $(r = 0.03, p > .05)$。

Correlation

Pearson's Correlations

Variable		gender_e	gender_s	sUPB_tot	epsmd_tot	eUPB_tot	smd_tot	perf_tot	smdis_tot
1. gender_e	Pearson's r	—							
2. gender_s	Pearson's r	0.30***	—						
3. sUPB_tot	Pearson's r	0.14	0.07	—					
4. epsmd_tot	Pearson's r	0.08	-0.07	0.20**	—				
5. eUPB_tot	Pearson's r	0.19*	0.14	0.34***	0.16*	—			
6. smd_tot	Pearson's r	0.14	0.11	0.15	0.47***	0.27***	—		
7. perf_tot	Pearson's r	-0.03	-0.08	0.01	-0.03	0.03	-0.14		
8. smdis_tot	Pearson's r	0.10	0.09	0.31***	0.16*	0.44***	0.26***	-0.16*	—

* p < .05, ** p < .01, *** p < .001

圖 6-6 相關分析結果報表

6. 描述統計與相關分析結果撰寫範例

本研究整體有效問卷為 176 份，在研究樣本組成方面，包含員工男性 85 位 (51.20%)，女性 81 位 (48.80%)；主管男性 117 位 (68.42%)，女性 54 位 (31.58%)。一般研究要求 Cronbach's α 信度係數至少要大於 .70 (Hinkin, 1998)，本研究中各變數之 Cronbach's α 值，達 .70 水準。此外，從相關係數可知，員工性別與員工不道德利組織行為有正相關 $(r = .19, p < .05)$，顯示男性員工的不道德利組織行為較高。主管不道德利組織行為與員工知覺主管道德脫鉤 $(r = 0.20, p < .01)$、員工不道德利組織行為 $(r = 0.34, p < .01)$ 及主管道德疏離 $(r = 0.31, p < .01)$ 皆有正向關係。表示主管的不道德利組織行為越高，員工知覺到主管有較高的道德脫鉤，員工會有較高的不道德利組織行為，且主管也會

有較高的道德疏離。員工知覺主管道德脫鉤與員工不道德利組織行為（ $r = 0.16, p < .05$ ）、主管道德脫鉤（ $r = 0.47, p < .01$ ）及主管道德疏離（ $r = 0.16, p < .05$ ）皆有正向關係。表示員工知覺主管有較高的道德脫鉤，員工會有較高的不道德利組織行為，且主管也會有較高的道德脫鉤與道德疏離。員工工作表現與主管道德疏離有負相關（ $r = -0.16, p < .05$ ），顯示主管有較低的道德疏離，員工的工作表現越好。

表 6-1 研究變數之平均數、標準差與相關分析表

變數名稱	M	SD	1	2	3	4	5	6	7	8
1.員工性別	1.51	.50	—							
2.主管性別	1.68	.47	.30**	—						
3.主管不道德利組織行為	2.14	1.38	.14	.07	(.94)					
4.員工知覺主管道德脫鉤	2.84	1.47	.08	-.07	.20**	(.93)				
5.員工不道德利組織行為	2.20	1.25	.19*	.14	.34**	.16*	(.94)			
6.主管道德脫鉤	3.02	1.36	.14	.11	.15	.47**	.27**	(.84)		
7.員工工作表現	5.46	1.21	-.03	-.08	.01	-.03	.03	-.14	(.95)	
8.主管道德疏離	2.13	1.18	.10	.09	.31**	.16*	.44**	.26**	-.16*	(.93)

註： $N = 176$ ；性別：女性為1，男性為2；括弧內為內部一致性信度係數（Cronbach's α ）；* $p < .05$ ，** $p < .01$ 。

7. 卡方獨立性檢定分析設定（如圖 6-7）

(1) 選擇 **Frequencies** 模組下的 **Contingency Tables** 。接著將「gender_e」與「gender_s」這兩個類別變數（變數設定需要為「Nominal」），分別放入 **Rows** 與 **Columns** 中。

(2) 勾選 **Cells** 下的 **Counts** 與 **Percentages** 的所有選項。

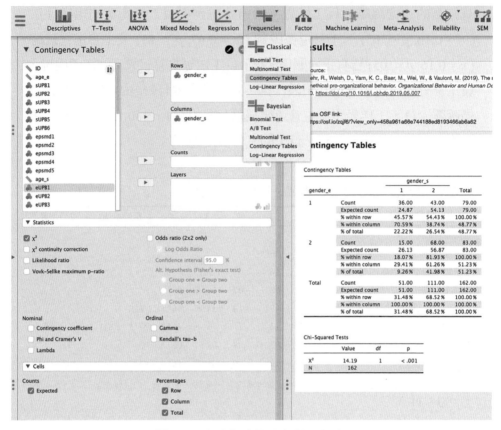

圖 6-7 卡方獨立性分析結果報表

8. 卡方獨立性檢定分析結果（如圖6-7）

　　根據卡方獨立性檢定分析結果，主管性別與員工性別並非彼此獨立（$\chi^2_{(1)} = 14.19$, $p < .01$），表示主管性別與員工性別組合並非隨機的。根據圖 6-7 列聯表 (Contingency Tables) 中的 **Count** 與 **Expected count** ，會發現上司、下屬同性別的比例較高。以主管、員工皆為女性的組合來說（gender_e 與 gender_s 都為 1），根據機率所預估的人數應為 24.87 組（Expected count 之數值），但實際上共有 36 組（Count 之數值）。

9. 卡方獨立性檢定分析結果撰寫範例

本研究以卡方獨立性檢定考驗主管、員工性別之組合是否獨立。分析結果發現兩者並不獨立 ($\chi^2_{(1)} = 14.19$, $p < .01$)。檢視列聯表 (Contingency Tables) 後發現同性組合較高。

10. 參考文獻

Fehr, R., Welsh, D., Yam, K. C., Baer, M., Wei, W., & Vaulont, M. (2019). The role of moral decoupling in the causes and consequences of unethical pro-organizational behavior. *Organizational Behavior and Human Decision Processes, 153*, 27-40. https://doi.org/10.1016/j.obhdp.2019.05.007

Hinkin, T. R. (1998). A brief tutorial on the development of measures for use in survey questionnaires. *Organizational Research Methods, 1*, 104-121. https://doi.org/10.1177/109442819800100106

07
Chapter

平均數差異檢定
（t 檢定）

鄭瑩妮

　　國立政治大學心理學系博士，目前為國防
大學心理及社會工作學系助理教授。專長為組織
行為學與人力資源管理。曾發表於《中華心理學
刊》、《本土心理學研究》、*Asia Pacific Journal
of Human Resources*等期刊。

1. 平均數差異比較概念簡介

當研究者想比較兩群體間的平均數有無差異時 (compare means)，可使用 t 檢定 (t-test) 進行考驗。此時，自變數為組別，故須為名義 / 類別變數（nominal variable；例如：男性與女性），而依變數則為連續變數（continuous variable；例如：體重）。JASP 0.16.1 版本中提供兩大類型機率假定理論之分析方式，即 Classic（古典機率）和 Bayesian（貝氏機率），每一種假定理論均提供 3 種平均數比較的方法，包含：獨立樣本 t 檢定 (Independent Samples t-Test)、成對樣本 t 檢定 (Paired Samples t-Test)、單一樣本 t 檢定 (One Sample t-Test)。雖然 JASP 軟體讓使用者選擇以古典機率或貝氏機率取向進行 t 檢定，但貝氏機率檢定並非本書的內容，有興趣者可參考 JASP 官網英文手冊之內容。

獨立樣本 t 檢定是最常使用的 t 檢定分析。當研究參與者被隨機分派至兩組，各組受測者之間沒有關聯性時，可以用獨立樣本 t 檢定來比較兩組平均數有無差異。當同一位研究參與者接受兩次測量（如：訓練前後的考試成績），或兩群受測者除了欲比較的自變數外，其他特性都很類似（如：隨機將同卵雙胞胎個別分到兩種教學式，以比較教學成效），則使用配對樣本 t 檢定比較兩組平均數的差異。單一樣本 t 檢定的使用時機為，檢驗某變數平均數是否為特定數值。而當母體變異數已知，且樣本夠大時，可以改用 Z 檢定。

2. 範例說明

本章節示範使用 JASP 0.16.1 版本，以 Fehr 等人 (2019) 論文中的 Study 2a 的假設 1 為範例進行分析。Study 2a 以實驗法進行研究，研究參與者扮演員工，閱讀上司給該員工的電子郵件，透過郵件內容操弄上司 UPB 的程度高低（資料檔中變數名稱為 upb_manipulation），即：高主管 UPB 組 (High UPB) 與低主管 UPB 組 (Low UPB)。每位研究參與者

僅參考一個情境（High UPB 或 Low UPB），之後研究參與者自評其在某工作決策上的 UPB 分數。假設 1 為「主管 UPB 對員工 UPB 有影響」，因為共有兩組，故以獨立樣本 t 檢定，考驗高分組與低分組員工其 UPB 的平均數（於資料檔中變數名稱為 eUPB_tot）有無差異。其虛無假設 (H_0) 為兩組平均數相同，而對立假設 (H_1) 則為這兩組平均數不同（即下方介紹 JASP 操作步驟，須選擇 Group 1 ≠ Group 2）。

3. JASP 分析設定

(1) 以 JASP 開啟「Study_2a_data.sav」資料檔，並將之另存成 U07. jasp。

(2) 選擇 **T-Test** 、 **Classical** 內的 **Independent Samples T-Test** 。

(3) 將依變數 (eUPB_tot) 放入 **Variables** （依變數須為「Scale」）。

(4) 將組別變數 (upb_manipulation) 放入 **Grouping Variable** 。組別變數須為「名義 (Nominal) / 類別變數」或「次序變數 (Ordinal)」，且分析組數只能兩類。

(5) 在 **Tests** 下勾選 **Student** 。其他兩個選項為 **Welch** （用於兩組變異數不同時）與 **Mann-Whitney** （用於無母數分析時）。

(6) 在 **Alt. Hypothesis** ，預設為「Group 1 ≠ Group 2」，此為雙尾考驗。若假設具有方向性，則依照假設選擇其他兩類單尾考驗。如「高分組大於等於低分組」，則點選「Group 1 ≥ Group 2」。

(7) 在 **Additional Statistics** ，點選 **Local parameter** 與 **Descriptives** 。

(8) 在 **Assumption Checks** ，點選 **Normality** 、 **Equality of variance** 。

(9) **Missing Values** 的預設為 **Excludes cases per dependent variable** 。在分析多個依變數時，此設定僅排除個別依變數遺漏值，故不同依變數的分析樣本數可能不同。選擇 **Exclude cases listwise** 時，某筆資料只要有一個被分析的依變數有遺漏值，該筆資料就會被排除。

(10) 其餘的輸出，使用者可根據自身需求決定是否需要勾選，例如：使用者的論文格式若普遍需要報告平均數差異值的 95% 信賴區間，可在 **Additional Statistics** 的 **Location parameter** 之下，點選 **Confidence interval**（預設 **95.0%**）。若需要報告效果量，點選 **Effect Size** 和 **Cohen's d** （輸出設定見圖 7-1）。

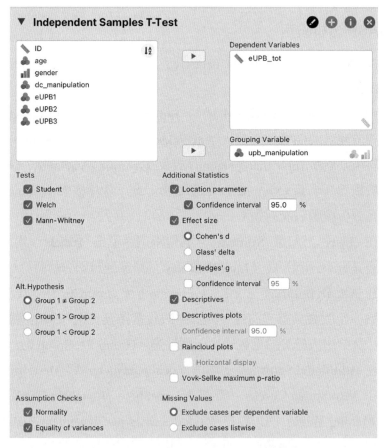

圖7-1 獨立樣本 *t* 檢定分析設定視窗

4. JASP 報表解讀

(1) 在解讀 *t* 檢定結果前，須先檢查資料是否符合常態分配。根據圖 7-2 報表上方 **Test of Normality** 的結果，兩組（High UPB 和 Low UPB）的 eUPB_tot 分數均非常態分布 (*p* < .05)。在嚴重違反常態分配假設或無母數分析時，可改用曼 - 惠特尼 U 檢定 (Mann-Whitney U test)，進行分析。

Assumption Checks ▼

Test of Normality (Shapiro–Wilk)

		W	p
eUPB_tot	Low UPB	0.77	< .001
	High UPB	0.86	< .001

Note. Significant results suggest a deviation from normality.

Test of Equality of Variances (Levene's) ▼

	F	df	p
eUPB_tot	44.22	1	< .001

圖 7-2 常態分配與變異數同質性假設檢定

(2) 接著檢查兩組變異數是否具有同質性，根據圖 7-2 下方 **Test of Equality of Variances** 檢定結果，發現兩組變異數不同 ($F_{(1)}$ = 44.22, *p* < .001)。此時可考慮改用 Welch 檢定進行分析。

(3) 根據圖 7-3 獨立樣本 *t* 檢定的分析報表。兩組員工的 UPB 平均數 (eUPB_tot) 有顯著差異，*t* 值為 -4.99，自由度 (df) 為 295，

p 值 < .001。Fehr 等人 (2019) 報告的統計數值為 t [295] = 4.99，p < .01。乍看之下兩個 t 值的正負號相反，參見圖 7-4 的分組平均數後，可知 JASP 以 Low UPB 組減去 High UPB 組進行此 t 檢定，故 t 值為負。

Independent Samples T-Test

	Test	Statistic	df	p	Location Parameter	SE Difference	95% CI for Location Parameter Lower	95% CI for Location Parameter Upper	Effect Size
eUPB_tot	Student	−4.99	295.00	< .001	−1.04	0.21	−1.45	−0.63	−0.58
	Welch	−4.95	266.27	< .001	−1.04	0.21	−1.46	−0.63	−0.58
	Mann-Whitney	7821.00		< .001	−0.67		−1.00	−0.33	−0.29

Note. For the Student t-test and Welch t-test, effect size is given by Cohen's d. For the Mann-Whitney test, effect size is given by the rank biserial correlation.
Note. For the Student t-test and Welch t-test, location parameter is given by mean difference. For the Mann-Whitney test, location parameter is given by the Hodges-Lehmann estimate.

圖 7-3 獨立樣本 Student t 檢定結果報表

(4) 圖 7-4 報表為分組描述統計，報告 t 檢定結果時也需呈現這些數據。根據圖 7-4，High UPB 組別的資料樣本數為 145、平均數為 3.25、標準差為 2.05。Low UPB 組別的資料樣本數為 152、平均數為 2.21、標準差為 1.53。這些數據與 Fehr 等人 2019 年論文 p. 34 左方 6.3 節中所報告的結果相同。

Descriptives

Group Descriptives

	Group	N	Mean	SD	SE
eUPB_tot	Low UPB	152	2.21	1.53	0.12
	High UPB	145	3.25	2.05	0.17

圖 7-4 分組描述統計

5. 分析結果撰寫範例

依據統計報表與參考 Fehr 等人 (2019) 的分析數據，書寫於論文的文字範例如下：

本研究以獨立樣本 t 檢定考驗假設一，分析結果如表 7-1 所示。結果顯示兩組員工自評之 UPB 有顯著差異 (t (295) = -4.99, p < .05)；即高主管 UPB 組之員工，其 UPB 高於 (M = 3.25, SD = 2.05) 低主管 UPB 組之員工的自評 UPB 程度 (M = 2.21, SD = 1.53)。

表 7-1　eUPB_tot 在主管 UPB 組別之 t 檢定

	平均值（標準差）		自由度	t 值	p
	Low UPB (N = 152)	High UPB (N = 145)			
eUPB_tot	2.21 (1.53)	3.25 (2.05)	295	-4.99	< .001

6. 參考文獻

Fehr, R., Welsh, D., Yam, K. C., Baer, M., Wei, W., & Vaulont, M. (2019). The role of moral decoupling in the causes and consequences of unethical pro-organizational behavior. *Organizational Behavior and Human Decision Processes, 153*, 27-40. https://doi.org/10.1016/j.obhdp.2019.05.007

Rouder, J. N., Speckman, P. L., Sun, D., Morey, R. D., & Iverson, G. (2009). Bayesian t tests for accepting and rejecting the null hypothesis. *Psychonomic Bulletin & Review, 16*, 225-237. https://doi.org/10.3758/PBR.16.2.225

Wetzels, R., Matzke, D., Lee, M. D., Rouder, J. N., Iverson, G. J., & Wagenmakers, E. J. (2011). Statistical evidence in experimental psychology: An empirical comparison using 855 t tests. *Perspectives on Psychological Science, 6*, 291-298. https://doi. org/10.1177/1745691611406923

08
Chapter
變異數分析 (ANOVA)

王豫萱

　　國立政治大學企業管理學系博士，目前為國立中山大學人力資源管理研究所助理教授，研究主題包含組織認同、職涯發展、領導效能、心理契約，以及主動工作行為。

1. 變異數分析簡介

前一章節介紹的 t 檢定 (t-test) 僅能比較兩組間平均數的差異，當研究者想比較超過 2 個以上組別的平均數有無差異時，可運用變異數分析（analysis of variance，簡稱 ANOVA）進行檢定。ANOVA 的原理是若各組間有差異，則組別之間的差異應該要大於組內之間的差異。故分析時將總變異量區分爲組間變異量 (between-group variance) 及組內變異量 (within-group variance) 後，再除以其自由度計算出組間變異均方及組內變異均方 (mean square, MS)，以組間均方 ($MS_{between}$) / 組內均方 (MS_{within}) 的比率作爲 F 檢定數。

$$F = \frac{MS_{between}}{MS_{within}}$$

ANOVA 的虛無假設是「各組的平均數無差異」，當 F 值越大時，表示研究中不同組別之間的離散程度，比組內的離散程度更大，即組間變異大於組內變異。當 F 檢定值達顯著時，即推翻前述虛無假設，表示不同組別的平均數確實有差異。採用 ANOVA 的優點在於，當不確定特定效果時，可用 ANOVA 進行綜合考驗 (omnibus test)，以了解是否有任何可能的組間差異。當 ANOVA 顯著時，通常會以 t 檢定進行事後比較 (post hoc tests)，進一步對感興趣的差異進行比較。

ANOVA 分析中，基本要求每個組別的樣本數應高於 30，自變數必須爲類別變數 (categorical variable)，而依變數 (dependent variable) 則是連續變數 (continuous variable)。其基本假定有三點：第一、母體的分配爲常態性 (normality)；第二、不同組別的樣本之間應具有獨立性 (independence)；第三、不同組別的樣本之間應該具有變異數同質性 (variance homogeneity) (Lix, Keselman, & Keselman, 1996)，JASP 目前預設以 Levene Test of Equality of Variances 進行變異數同質性檢定。

基本的 ANOVA 可依據研究變數的數量，再區分獨立樣本變異數分析 (ANOVA)，如本章節範例為不同組別之間相互獨立的雙因子變異數分析。若研究為重複測量情境，則應使用重複測量變異數分析 (repeated-measures ANOVA)，例如：不同班級學生在期初考、期中考與期末考的班級平均成績是否有差異時。因為同一群人測量三次（期初、期中、期末），此種研究情境為相依樣本。若研究者認為可能有其他共變數會影響依變數，則可以使用共變數分析 (analysis of covariance, ANCOVA)。而當研究中有多個不同的依變數時，應採用多因子變異數分析 (multivariate analysis of variance, MANOVA)。

2. 獨立樣本雙因子變異數分析範例簡介

依據 Fehr 等人 (2019) 研究中之假設 2，該假設檢驗當主管做出不道德利組織行為 (unethical pro-organizational behavior, UPB) 時，對於員工 UPB 行為的正向關聯性，是否會受到員工知覺主管道德脫鉤 (moral decoupling) 程度的調節，研究者假定當員工知覺主管道德脫鉤程度越高時，主管 UPB 行為對於員工 UPB 行為的正向關係會越強。本範例會運用 Study 2a 之實驗法資料，依據 Fehr 等人 (2019) 的分析方式，使用雙因子變異數分析來檢驗此假設是否成立。所需使用到的變數如下：

研究變數	變數名稱	Study 2a 資料檔變數名稱	變數值之意涵
自變數	主管 UPB	upb_manipulation	1 = 高主管 UPB 0 = 低主管 UPB
調節變數	道德脫鉤	dc_ manipulation	1 = 高主管道德脫鉤 0 = 低主管道德脫鉤
依變數	員工 UPB	eUPB_tot	eUPB1- eUPB3 平均數

以 ANOVA 進行分析時，自變數與調節變數均為因子，分別為主管 UPB（高、低）與道德脫鉤（高、低），故為二因子變異數分析。當自變數與調節變數都是實驗操弄的變數時，通常會以交互作用 (interaction) 稱呼調節效果。以這個例子來說，個別因子都各有兩個水準 (levels)，故兩因子交互作用共形成 2 × 2 四個組別。假設檢定重點在於兩個因子的交互作用是否顯著，當交互作用顯著時，表示在不同調節組別時，各組自變數之間的依變數差異會有所不同，意即兩因子間會共同影響員工 UPB，研究者通常會透過繪圖來協助讀者了解此交互作用效果。

3. JASP 分析設定

(1) 以 JASP 開啟「Study_2a_data.sav」資料檔，另存成 U08.jasp。

(2) 點選 **ANOVA** 模組後，選擇 **ANOVA**。

(3) 將依變數 eUPB_tot 放入 **Dependent Variable**，將自變數「upb_manipulation」及調節變數「dc_manipulation」放入 **Fixed Factors**（如圖 8-1）。在 JASP 的分析設定中，放入 **Fixed Factors** 的變數須為名義變數 (nominal) 或次序變數 (ordinal)，否則將無法進行分析。

(4) 點選 **Display** 中的 **Descriptive statistics**，可提供描述統計結果。

(5) 選擇估計效果量 **Estimates of effect size** 的 ω^2。

(6) 點選 **Assumption Checks** 後，選擇 **Homogeneity tests** 進行變異數同質性檢定，並選擇 **Q-Q plot of residuals** 以確認資料是否符合常態分配（如圖 8-2）。

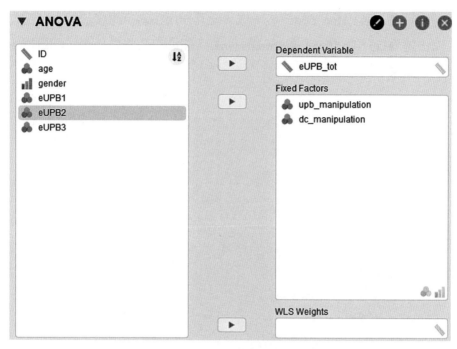

圖 8-1 ANOVA 分析設定介面

Display
- ☑ Descriptive statistics
- ☑ Estimates of effect size
  - ☐ η² ☐ partial η² ☑ ω²
- ☐ Vovk-Sellke maximum p-ratio

▶ Model

▼ Assumption Checks

- ☑ Homogeneity tests

Homogeneity corrections
- ☑ None ☐ Brown-Forsythe ☐ Welch
- ☑ Q-Q plot of residuals

圖 8-2 ANOVA 設定

Chapter 8
變異數分析 (ANOVA)

(7) 點選 **Post Hoc Tests** 後，放入交互作用項進行事後比較，此處勾選 **Flag Significant Comparisons** ，組間有差異數值可較醒目標示出來（如圖 8-3）。

圖 8-3 Post Hoc Tests 設定

(8) 點選 **Descriptives Plots** ，橫軸 **Horizontal Axis** 放入自變數「upb_manipulation」，**Separate Lines** 放入調節變數「dc_manipulation」，以繪製交互作用示意圖，並勾選 **Display error bars** 呈現 95% 之信賴區間（如圖 8-4）。

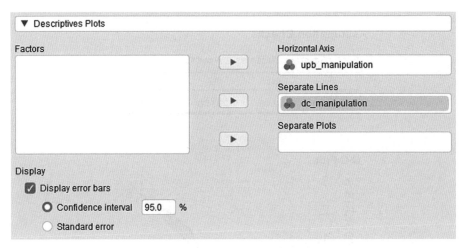

圖 8-4 交互作用示意圖設定

4. JASP 報表解讀

(1) 在變異數同質性檢驗中可發現，此樣本的變數間並不具有同質性，發現組間之變異數不同 ($F[3, 293] = 16.4$, $p < .001$)。雖然 JASP 提供 Brown-Forsythe 與 Welch 的修正功能，但該功能僅提供單因子 ANOVA 的分析。同時根據 Q-Q 圖也發現有部分樣本偏離紅線標示之常態分配，由於 Fehr 等人 (2019) 研究中並沒有報告變異數不具同質性及未符合常態分配的情況，故此處在解讀其結果時應留意此限制（如圖 8-5）。

Assumption Checks

Test for Equality of Variances (Levene's)

F	df1	df2	p
16.40	3.00	293.00	< .001

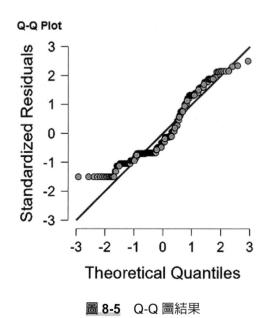

Q-Q Plot

圖 8-5　Q-Q 圖結果

(2) 依據 ANOVA 結果顯示（如圖 8-6），主管 UPB (upb_manipulation) 對於員工 UPB (eUPB_tot) 具有顯著的影響效果 (p < .001)，效果量 ω^2 為 .07，表示當主管 UPB 操弄之高低兩組之間的員工 UPB 有顯著差異。而調節變數道德脫鉤 (dc_ manipulation) 並不會影響員工 UPB (p = .06)。同時結果顯示 upb_manipulation* dc_ manipulation 乘積項的效果亦為顯著 (F[1, 293] = 4.30, p = .04 < .05)，此結果與 Fehr 等人 (2019) 研究 p. 34 中 6.3. Results 第二段之結果相同，顯示主管 UPB 與道德脫鉤的交互作用對員工 UPB 有顯著的影響。

ANOVA - eUPB_tot

Cases	Sum of Squares	df	Mean Square	F	p	ω^2
upb_manipulation	80.93	1	80.93	25.44	< .001	0.07
dc_manipulation	11.16	1	11.16	3.51	0.06	7.66e-3
upb_manipulation * dc_manipulation	13.68	1	13.68	4.30	0.04	0.01
Residuals	932.02	293	3.18			

Note. Type III Sum of Squares

圖 8-6 ANOVA 分析結果

(3) 在描述統計的結果中，列出主管 UPB 與道德脫鉤的交互作用的四
個組別平均數、標準差與樣本數（如圖 8-7），此結果與 Fehr 等
人 (2019) 的 Figure 4 一致。

Descriptives

Descriptives - eUPB_tot

upb_manipulation	dc_manipulation	Mean	SD	N
High UPB	High Decoupling	3.66	2.19	72
	Low Decoupling	2.84	1.81	73
Low UPB	High Decoupling	2.19	1.55	78
	Low Decoupling	2.23	1.52	74

圖 8-7 高低分組之描述性統計結果

(4) JASP 可繪製出交互作用示意圖（如圖 8-8），從圖中可發現主管
高 UPB (upb_manipulation) 組之員工的 UPB (eUPB_tot) 會較高。
但此差異程度，在主管高道德脫鉤的情況下 (high decoupling) 高於
主管低道德脫鉤的情況 (low decoupling)。

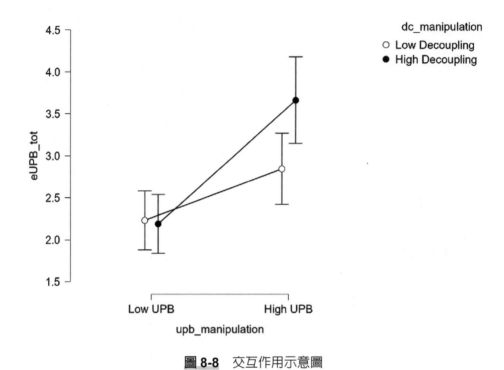

Descriptives plots

圖 8-8　交互作用示意圖

(5) 在事後檢定中，可以比較主管 UPB 與道德脫鉤的交互作用所形成的 2 × 2 共四個組別的平均數差異，其中有三個成對比較的差異達顯著，此處 t 檢定結果也與 Fehr 等人 (2019) 結果數值相近 （如圖 8-9）。

Post Hoc Tests

Standard

Post Hoc Comparisons - upb_manipulation ⁂ dc_manipulation

		Mean Difference	SE	t	p_{tukey}
Low UPB Low Decoupling	High UPB Low Decoupling	−0.62	0.29	−2.09	0.16
	Low UPB High Decoupling	0.04	0.29	0.14	1.00
	High UPB High Decoupling	−1.43	0.30	−4.85	< .001***
High UPB Low Decoupling	Low UPB High Decoupling	0.66	0.29	2.26	0.11
	High UPB High Decoupling	−0.82	0.30	−2.76	0.03*
Low UPB High Decoupling	High UPB High Decoupling	−1.47	0.29	−5.06	< .001***

* p < .05, *** p < .001
Note. P-value adjusted for comparing a family of 4

圖 8-9 事後檢定結果

5. 分析結果撰寫範例

　　假設 2 欲檢驗主管 UPB 對於員工 UPB 的效果，是否會受到員工知覺的主管道德脫鉤程度調節。本研究以雙因子變異數分析 (two-way ANOVA) 檢驗此假設，研究結果顯示，主管 UPB 與員工知覺的主管道德脫鉤程度的交互作用有顯著性 $(F[1, 293] = 4.30, p = .04)$。依據圖 8-8 的結果顯示，當員工知覺主管的道德脫鉤程度較高時，主管 UPB 對於員工 UPB 的正向效果會越強，反之則會減弱。

　　此外，根據事後比較顯示，低主管 UPB- 低道德脫鉤組 $(t = -4.85, p < .001)$、高主管 UPB- 低道德脫鉤組 $(t = -2.76, p < .05)$ 及低主管 UPB- 高道德脫鉤組 $(t = -5.06, p < .001)$ 之員工 UPB 行為，均會顯著低於高主管 UPB- 高道德脫鉤組之平均數。本研究結果支持假設 2。

6. 補充說明

　　本章範例是依據 Fehr 等人 (2019) 之研究步驟進行變異數分析，為了與該研究比較結果相符程度，本章並未針對變異數不具同質性及未符合常態分配的情況做後續資料處理（如：log 轉換或刪除極端值），若

讀者分析自己的研究資料後發現了同質性與常態分配的情況皆可接受，則同樣無需做後續處理，可以解讀 ANOVA 分析結果。若發現資料違反同質性及常態分配之問題，則應選擇適當的事後比較方法，或處理資料的極端值與分布情況，以提升研究結果的可信度。

7. 參考文獻

Fehr, R., Welsh, D., Yam, K. C., Baer, M., Wei, W., & Vaulont, M. (2019). The role of moral decoupling in the causes and consequences of unethical pro-organizational behavior. *Organizational Behavior and Human Decision Processes, 153*, 27-40. https://doi.org/10.1016/j.obhdp.2019.05.007

Lix, L. M., Keselman, J. C., & Keselman, H. J. (1996). Consequences of assumption violations revisited: A quantitative review of alternatives to the one-way analysis of variance F test. *Review of Educational Research, 66*, 579-619. doi:10.3102/00346543066004579

09
Chapter

中介效果分析

陳怡靜

國立政治大學企業管理學系博士，現職爲國立臺灣師範大學科技應用與人力資源發展學系副教授。在碩士班教授「研究方法」、「高等統計學」與「心理測驗」等課程，近期研究主題爲策略性人力資源管理與發展、人力資本與員工建言行爲。

1. 中介效果概念簡介

中介效果是 OB/HR 重要的研究議題，Baron 與 Kenny (1986) 指出，中介模型的核心概念是自變數透過個體內的轉變機制，達到影響依變數的目的 ("the effects of stimuli on behavior are mediated by various transformation processes internal to the organism" p.1176)。從統計上來說，中介效果就是間接效果，也就是自變數 (X) 透過影響中介變數 (M)，進而對依變數 (Y) 造成影響 (MacKinoon et al., 2007)。在本文中，間接效果與中介效果兩詞會交替使用。中介研究的本質應為驗證而非探索，雖然有學者指出，在邏輯上應先論證自變數與依變數之間關係的存在。但近期學者對此觀點較為保留，因為當中介效果為完全中介時，此種觀點並不合理。

有關於中介模式的分析方法主要為路徑分析 (path analysis)。早期受限於統計軟體，經常使用基於最小平方法 (ordinary least squares, OLS) 的多元迴歸分析來檢驗。 Baron 與 Kenny (1986) 的四階段法分析就是此取向的代表。然而，該方法因較不敏感且並未直接檢定間接效果，因此近期學者較少採用此取向 (MacKinoon et al., 2007)。近期檢驗中介效果是透過拔靴法 (bootstrapping)，直接估計間接效果的 95% 信賴區間 (confidence interval, CI) 是否包含 0，若該信賴區間不包含 0，則表示間接效果達顯著，即中介效果成立。在考量間接效果後，若自變數對依變數仍有顯著的影響力，則此種中介效果為部分中介 (partial mediation)，否則稱為完全中介 (complete mediation)。

近期學者則建議使用結構方程模型 (structural equation modeling, SEM) 取向的路徑分析來檢驗中介效果 (James et al., 2006)。此 SEM 取向具有以下優點：第一、可直接估計檢驗間接效果。第二、提供整體模型配適指標。第三、可分析較複雜的模型，如：多個依變數、平行中介模型（parallel mediators，X → M1 → Y1 且 X → M2 → Y2）、連

續中介模型（serial mediators，如：X → M1 → M2 → Y1）。第四、可直接檢驗不同效果的差異，如：直接比較部分中介與完全中介效果有無顯著差異、比較兩個平行中介效果（M1 與 M2，X → M1 → Y1 且 X → M2 → Y2）的強弱有無顯著差異。此類較複雜的模型，請參見第 11 章路徑分析之內容。

本章節以 Fehr 等人 (2019) 的資料，檢驗其研究架構中的中介假設：員工不道德利組織行為中介主管不道德利組織行為與員工工作績效之負向關係（即 eUPB 中介 sUPB 與 perf 之負向關係），研究模型如圖 9-1 所示。採用結構方程模型的路徑分析法，並且以拔靴法驗證中介效果是否顯著。

本章節以 **SEM** 模組的 **Mediation Analysis** 進行分析，**Mediation Analysis** 提供兩類設定控制變數的方式。第一種方式與一般多元迴歸分析處理控制變數的方式相同，將控制變數（道德疏離，smdis）視為同時影響中介變數與依變數的自變數，與假設中的自變數 (sUPB) 一起預測中介變數 (eUPB) 與依變數 (perf)，此時控制變數與自變數皆為外衍變數 (exogenous variable)。第二種方式則是將控制變數（道德疏離，smdis）視為混淆變數 (background confounders)，會同時考量控制變數對自變數 (sUPB) 的影響，故僅有控制變數為外衍變數。兩種分析方式的結果可能有所不同。本章節採用第一種做法，將控制變數（道德疏離，smdis）視為預測中介變數的自變數，而於 U09.jasp 中，呈現兩種分析方式的結果。

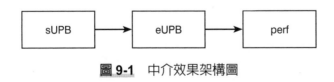

圖 9-1　中介效果架構圖

2. 中介效果分析設定

以 JASP 讀取 Fehr 等人 (2019) 研究一的資料「Study_1_Data.sav」後，將檔案另存成 U09.jasp。分析中介效果時，不須先行將變數進行平減，然而因 Fehr 等人 (2019) 的研究架構亦包含調節效果驗證，故以下分析設定中除了依變數外，自變數、中介變數與控制變數均為平減化後的變數，平減與否不影響中介效果的驗證結果。

(1) 分析所需變數 (sUPB_cen、eUPB_cen、perf_tot、smdis_cen) 皆為「Scale」，故不需要更動資料。其中 _cen 為平均數平減 (mean-centering) 後的變數。

(2) 選擇 **SEM** 模組中的 **Mediation Analysis** 。分析設定如圖 9-2 所示。

(3) 將自變數 sUPB_cen 和控制變數 smdis_cen 選入 **Predictors** 中，將 eUPB_cen 選入 **Mediators** 中，將 perf_tot 選入 **Outcome** 。

(4) 在 **Options** 中，勾選 **Standardized estimates** 、 **R-squared** 、 **Bootstrap** 。若需要路徑分析的語法，則勾選 **Save lavaan syntax** 。

(5) 在 **Plots** 中勾選 **Model Plot** 以及其中的 **Parameter estimates** 後，即可顯示路徑模型圖。

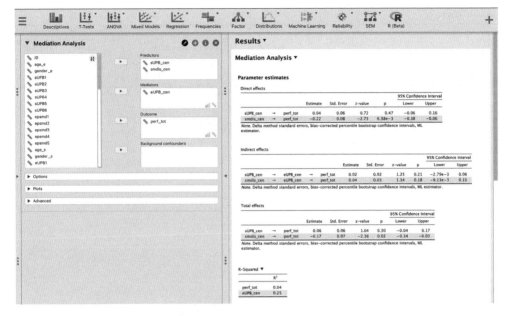

圖 **9-2**　中介效果分析設定

3.　中介效果報表解讀

根據中介效果分析報表（如圖 9-3），eUPB_cen 的中介效果未達顯著 (*b* = .02, *S.E.* = .02, *p* = .21)，且 95% 信賴區間（[-.00, .06]）包括 0，故分析結果不支持中介假設，圖 9-4 為路徑圖、圖 9-5 為 JASP 自動產生的 lavaan 語法。讀者可以直接複製此語法後，將該語法貼至 **SEM** 模組中的 **Structural Equation Modeling** 分析的語法框中，按下執行鍵後，即會得出相同的分析結果，但報表內容更加複雜。

Indirect effects

					Estimate	Std. Error	z-value	p	95% Confidence Interval	
									Lower	Upper
sUPB_cen	→	eUPB_cen	→	perf_tot	0.02	0.02	1.20	0.23	−2.28e−3	0.06
smdis_cen	→	eUPB_cen	→	perf_tot	0.03	0.03	1.25	0.21	−2.61e−3	0.09

Note. Delta method standard errors, bias–corrected percentile bootstrap confidence intervals, ML estimator.

圖 9-3 中介效果報表

Path plot

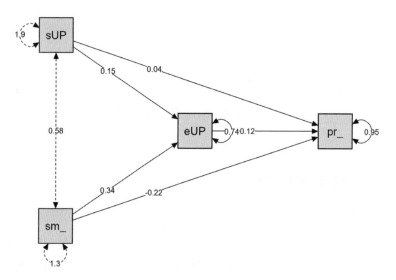

圖 9-4 中介效果圖

Model syntax

```
# -----------------------------------
# Mediation model generated by JASP
# -----------------------------------

# dependent regression
perf_tot ~ b11*eUPB_cen + c11*sUPB_cen + c12*smdis_cen

# mediator regression
eUPB_cen ~ a11*sUPB_cen + a12*smdis_cen

# effect decomposition
# y1 ~ x1
ind_x1_m1_y1 := a11*b11
ind_x1_y1 := ind_x1_m1_y1
tot_x1_y1 := ind_x1_y1 + c11

# y1 ~ x2
ind_x2_m1_y1 := a12*b11
ind_x2_y1 := ind_x2_m1_y1
tot_x2_y1 := ind_x2_y1 + c12
```

圖 9-5 中介效果路徑分析 lavaan 語法

4. 分析結果撰寫範例

　　本研究以結構方程模型的觀察變數路徑分析檢驗中介假設（員工不道德利組織行為中介主管不道德利組織行為與員工工作績效之負向關係），分析時並控制主管自評道德疏離的影響。除依變數（員工工作績效）以外，其他所有變數都為平均數平減 (mean-centering) 處理後之變數。統計分析結果顯示，員工不道德利組織行為並未中介主管不道德利組織行為與員工工作績效之關係 ($b = .02$, $S.E.= .02$, $p = .21$, 95% CI [-.00, .06])，故中介假設未獲支持。

5. 參考文獻

Baron, R. M., & Kenny, D. A. (1986). The moderator-mediator variable distinction in social psychological research: Conceptual, strategic, and statistical considerations. *Journal of Personality and Social Psychology, 51*, 1173-1182. https://doi.org/10.1037/0022-3514.51.6.1173

Fehr, R., Welsh, D., Yam, K. C., Baer, M., Wei, W., & Vaulont, M. (2019). The role of moral decoupling in the causes and consequences of unethical pro-organizational behavior. *Organizational Behavior and Human Decision Processes, 153*, 27-40. https://doi.org/10.1016/j.obhdp.2019.05.007

James, L. R., Mulaik, S. A., & Brett, J. M. (2006). A Tale of Two Methods. *Organizational Research Methods, 9*, 233-244. https://doi.org/10.1177/1094428105285144

MacKinnon, D. P., Fairchild, A. J., & Fritz, M. S. (2007). Mediation analysis. *Annual Review of Psychology, 58*, 593-614. https://doi.org/10.1146/annurev.psych.58.110405.085542

10
Chapter

調節效果分析

林義挺

　　國立中央大學人力資源管理研究所博士，目前為國立中興大學企業管理學系助理教授。研究領域為人力資源管理、企業社會責任與職場多元。

1. 調節效果概念簡介

調節效果 (moderation) 為 OB/HR 研究的重要議題，當自變數 (independent variable) 與依變數 (dependent variable) 之關係，隨著第三變數的不同程度或類別而有所不同時，此第三變數對自變數與依變數之關係具有調節效果，而此第三變數則稱為調節變數 (moderator variable)。舉例而言，當員工的職家衝突與其職涯滿意度的關聯，會隨著員工知覺組織支持的程度與員工性別而有所不同時，則知覺組織支持與員工性別會調節員工職家衝突與其職涯滿意度之關係，而知覺組織支持與員工性別即為調節變數[1]。

當自變數為連續變數時，通常以多元迴歸分析來檢驗其對依變數效果。檢驗調節效果時，除了控制自變數與調節變數的效果外，會以自變數與調節變數的乘積項 (product term) 變數來代表調節效果。為避免共線性之問題，以及避免納入調節效果後，自變數的效果不易解讀，一般來說，會將自變數與調節變數先進行平減 (centering) 之後，再製作乘積項，但不對依變數進行平減。有關多元迴歸分析與平減等相關議題，可參考溫福星 (2013) 一文。

本章節以 Fehr 等人 (2019) 的資料，檢驗其假設 2（員工知覺主管道德脫鉤會強化主管不道德利組織行為與員工不道德利組織行為之正向關係）之調節效果。研究模式如圖 10-1 左圖所示，統計分析示意圖如圖 10-1 右圖。當調節效果項 (sUPB_cen*epsmd_cen) 的迴歸係數與依變數有顯著關係時，表示調節效果顯著。

資料檔案中的變數資訊 (Labels_and_Syntax.docx)，請見本章參考文獻所附連結。其中 sUPB_cen（主管不道德利組織行為）為平減後自變數，eUPB_tot（員工不道德利組織行為）為依變數，而 epsmd_cen（員

---

[1] 在實驗設計的情境中，當自變數與調節變數都為類別變數時，也會將調節效果稱為交互作用。但通常會透過變異數分析 (ANOVA) 來進行假設考驗。

工知覺主管道德脫鉤）為平減後的調節變數，sUPB_epsmd_inter 為調節效果項，是平減後自變數與平減後調節變數之乘積。以 JASP 進行調節效果分析優點之一，是不用預先製作調節效果項 (sUPB_epsmd_inter)。研究者可透過點選變數的方式，直接進行調節效果分析。此外，進行高階調節效果分析時（如：Z 變數調節 W 對 X 與 Y 關係的調節效果，此時調節效果為 XWZ），JASP 還會自動控制所有低階的調節效果 (XW、XZ、WZ)，此種設定相當方便完備。

以下調節效果分析是依據 Fehr 等人 (2019) 的分析設定來進行，故未納入任何控制變數。Fehr 等人 (2019) 分析語法參見 Labels_and_Syntax.docx 檔案中 SPSS syntax for testing Hypothesis 2 一節。

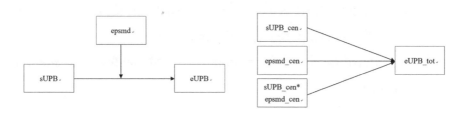

圖 10-1 調節效果架構圖 / 統計分析示意圖

2. 調節效果分析設定

以 JASP 讀取 Fehr 等人 (2019) 研究一的資料「Study_1_Data.sav」後，將檔案另存成 U10.jasp。

(1) 分析所需變數（sUPB_cen、epsmd_cen 及 eUPB_tot）皆為「Scale」，故不需要更動資料。

(2) 選擇 **Regression** 模組中的 **Linear Regression** 。分析設定如圖 10-2 所示。

a. 將 eUPB_tot 選入 **Dependent Variable** 中，將 sUPB_cen、epsmd_cen 一同選入 **Covariates** 中。

b. 在「Model」下的 **Components** 中，同時點選 sUPB_cen 與 epsmd_cen，而後按下「▶」， **Model Terms** 中會自動出現一個自變數與調節變數的乘積項 sUPB_cen*epsmd_cen，此為調節效果項。

（註：JASP 分析調節效果時，該效果項可由點選的方式直接生成，無須預先計算調節效果項 sUPB_epsmd_inter。）

c. 在「Add to null model」中，勾選 sUPB_cen 與 epsmd_cen，表示此基底模式包含這些變數。報表視窗中的 H_0 模式包含自變數 sUPB_cen 與調節變數 epsmd_cen，而 H_1 模式比 H_0 模式複雜，包含自變數 sUPB_cen、調節變數 epsmd_cen 及自變數與調節變數的乘積項 sUPB_cen*epsmd_cen。

d. 在 **Statistics** 中，勾選 **Estimates** 、 **Model fit** 、 **R squared change** 。

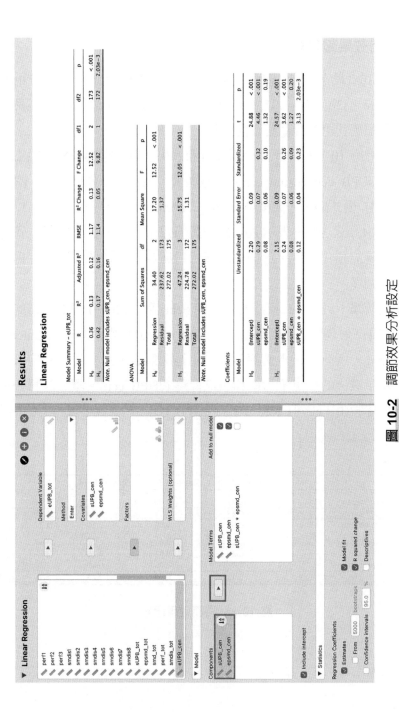

圖 10-2 調節效果分析設定

3. 調節效果報表解讀

(1) 圖 10-3 的 H_0 模式顯示，sUPB_cen 與 eUPB_tot 有顯著的正向關係 ($b = .29$, $S.E. = .07$, $p < .01$)，表示主管不道德利組織行為與員工不道德利組織行為有正向關聯。

(2) 參考圖 10-1 的統計分析圖，調節效果（自變數與調節變數之乘積項 sUPB_cen*epsmd_cen）係數顯著，表示調節效果成立。圖 10-3 的 H_1 模式顯示，乘積項 sUPB_cen*epsmd_cen 達顯著 ($b = .12$, $S.E. = .04$, $p < .01$)，表示 epsmd 的調節效果存在，員工知覺主管道德脫鉤能強化主管不道德利組織行為與員工不道德利組織行為的正向關係。

(3) 比較圖 10-3 的 H_1 模式的係數與 Fehr 等人 (2019) 表 3 左方的分析結果，發現除了未標準化 (Unstandardized) 係數的常數項 (intercept) 以外，所有分析數值都相同。這是因為表 3 左方所分析的依變數為平減後的員工不道德利組織行為 (eUPB_cen)。讀者若將分析的依變數由「eUPB_tot」改為「eUPB_cen」，就會出現相同的結果。

Coefficients ▼

Model		Unstandardized	Standard Error	Standardized	t	p
H_0	(Intercept)	2.20	0.09		24.88	< .001
	sUPB_cen	0.29	0.07	0.32	4.46	< .001
	epsmd_cen	0.08	0.06	0.10	1.32	0.19
H_1	(Intercept)	2.15	0.09		24.57	< .001
	sUPB_cen	0.24	0.07	0.26	3.62	< .001
	epsmd_cen	0.08	0.06	0.09	1.27	0.20
	sUPB_cen * epsmd_cen	0.12	0.04	0.23	3.13	2.03e−3

圖 10-3 調節效果報表

4. 調節效果圖與條件斜率

(1) 調節效果達顯著之後，需繪製調節效果圖，並報告條件斜率 (conditional slope)，也有學者稱爲簡單斜率 (simple slope)。依 Cohen 與 Cohen (1983) 之建議，以調節變數正、負一個標準差分別代表高分組與低分組。將 H_1 中未標準化係數 (Unstandardized) 與自變數 (1.38) 與調節變數 (1.47) 的標準差等訊息，填入附檔 (U10plot.xlsx) 即繪製出圖 10-4 的調節效果圖。

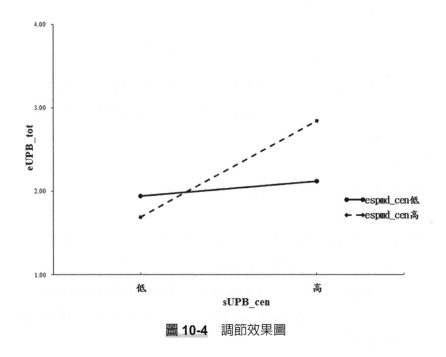

圖 10-4　調節效果圖

(2) 以本範例爲例，條件斜率的公式爲 b1 ± b3 * ZSD，b1 爲自變數 sUPB_cen 之係數 (.24)，b3 爲調節效果項 sUPB_cen*epsmd_cen 之係數 (.12)，ZSD 爲調節變數 epsmd 之標準差 (1.47)。故在圖 10-4 中，高 epsmd 的斜率爲 .42 (0.24 + 0.12*1.47)，而低 epsmd 的斜率爲 .06 (0.24 - 0.12*1.47)。

5. 報告條件斜率 95% 信賴區間

以下介紹如何依照 Aiken 與 West (1991) 建議，分別得出條件斜率 95% 信賴區間。由於此做法略爲繁雜，除非分析模式相當簡單（如本範例），否則不建議此方法。若分析模式較爲複雜，建議參考本書第 11 章「以 JASP 進行觀察變數路徑分析」，直接估計信賴區間。

(1) 計算高分組 (epsmd_cenH) 的條件斜率，分析設定如圖 10-5 所示。

    a. 計算高分組變數「epsmd_cenH = epsmd_cen − 1.47」，1.47 爲 epsmd_cen 之標準差。

    b. 依照「調節效果分析設定」的步驟操作，但將「epsmd_cenH」取代原本的調節變數「epsmd_cen」。

    c. 在 **Statistics** 中勾選 **Estimates** 的 **From 5000 bootstraps**，並設定 **Confidence intervals 95.0%**、**Model fit**、**R squared change**。

(2) 計算低分組的條件斜率 (epsmd_cenL)，分析設定如圖 10-6 所示。

    a. 計算低分組變數「epsmd_cenL = epsmd_cen + 1.47」，1.47 爲 epsmd_cen 之標準差。

    b. 依照「調節效果分析設定」的步驟操作，但將「epsmd_cenL」取代原本的調節變數「epsmd_cen」。

    c. 在 **Statistics** 中勾選 **Estimates** 的 **From 5000 bootstraps**，並設定 **Confidence intervals 95.0%**、**Model fit**、**R squared change**。

(3) 由圖 10-7 與圖 10-8 得知，當員工知覺主管有較高的道德脫鉤時，主管不道德利組織行爲與員工不道德利組織行爲有正向關係 ($b = .41$, $S.E. = .07$, $p < .01$, 95% CI [.27, .54])；然而當員工知覺主管道德脫鉤爲低度的情況下，兩者則無顯著關係 ($b = .06$, $S.E. = .12$, $p > .05$, 95% CI [−.12, .37])。

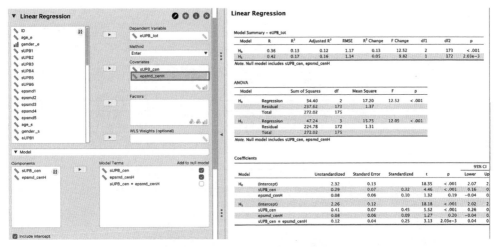

圖 10-5 高分組條件斜率之設定

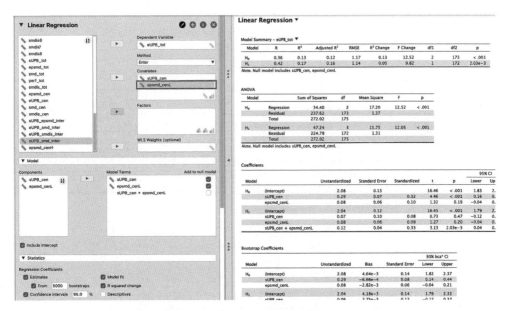

圖 10-6 低分組條件斜率之設定

Chapter 10
調節效果分析

Coefficients

Model		Unstandardized	Standard Error	Standardized	t	p	95% CI Lower	95% CI Upper
H_0	(Intercept)	2.32	0.13		18.32	< .001	2.07	2.57
	sUPB_cen	0.29	0.07	0.32	4.46	< .001	0.16	0.42
	epsmd_cenH	0.08	0.06	0.10	1.32	0.19	−0.04	0.20
H_1	(Intercept)	2.26	0.12		18.16	< .001	2.02	2.51
	sUPB_cen	0.41	0.07	0.45	5.53	< .001	0.26	0.56
	epsmd_cenH	0.08	0.06	0.09	1.27	0.20	−0.04	0.19
	sUPB_cen * epsmd_cenH	0.12	0.04	0.25	3.13	2.03e−3	0.04	0.19

Bootstrap Coefficients

Model		Unstandardized	Bias	Standard Error	95% bca* CI Lower	95% bca* CI Upper
H_0	(Intercept)	2.31	−5.01e−3	0.12	2.11	2.58
	sUPB_cen	0.30	4.46e−3	0.08	0.13	0.44
	epsmd_cenH	0.08	−3.26e−3	0.06	−0.04	0.21
H_1	(Intercept)	2.26	−4.14e−3	0.11	2.07	2.50
	sUPB_cen	0.41	1.66e−3	0.07	0.27	0.54
	epsmd_cenH	0.07	−1.65e−3	0.06	−0.04	0.20
	sUPB_cen * epsmd_cenH	0.12	−2.31e−4	0.04	0.02	0.19

* Bias corrected accelerated
Note. Bootstrapping based on 5000 replicates.
Note. Coefficient estimate is based on the median of the bootstrap distribution.

圖 10-7 高分組條件斜率分析結果

Coefficients

Model		Unstandardized	Standard Error	Standardized	t	p	95% CI Lower	95% CI Upper
H_0	(Intercept)	2.08	0.13		16.43	< .001	1.83	2.33
	sUPB_cen	0.29	0.07	0.32	4.46	< .001	0.16	0.42
	epsmd_cenL	0.08	0.06	0.10	1.32	0.19	−0.04	0.20
H_1	(Intercept)	2.04	0.12		16.43	< .001	1.79	2.28
	sUPB_cenL	0.07	0.10	0.08	0.72	0.47	−0.12	0.26
	epsmd_cenL	0.08	0.06	0.09	1.27	0.20	−0.04	0.19
	sUPB_cen * epsmd_cenL	0.12	0.04	0.33	3.13	2.03e−3	0.04	0.19

Bootstrap Coefficients

Model		Unstandardized	Bias	Standard Error	95% bca* CI Lower	95% bca* CI Upper
H_0	(Intercept)	2.08	1.47e−3	0.14	1.82	2.36
	sUPB_cen	0.29	1.59e−3	0.08	0.14	0.44
	epsmd_cenL	0.08	−7.19e−4	0.06	−0.04	0.21
H_1	(Intercept)	2.04	2.31e−3	0.14	1.78	2.33
	sUPB_cen	0.07	7.26e−3	0.13	−0.13	0.36
	epsmd_cenL	0.07	−1.69e−3	0.06	−0.04	0.19
	sUPB_cen * epsmd_cenL	0.12	−1.29e−3	0.04	0.02	0.19

* Bias corrected accelerated
Note. Bootstrapping based on 5000 replicates.
Note. Coefficient estimate is based on the median of the bootstrap distribution.

圖 10-8 低分組條件斜率分析結果

6. 分析結果撰寫範例

本研究以多元迴歸分析檢驗假設 2，進行分析前，自變數與調節變數皆先進行平減。統計分析結果顯示，員工知覺主管道德脫鉤的程度，會調節主管不道德利組織行為與員工不道德利組織行為之關係 ($b = .12$, $S.E. = .04$, $p < .01$)。根據 Cohen 與 Cohen (1983) 的建議所繪製的調節效果圖（如圖 10-4），並以拔靴法執行 5000 次重複抽樣以估計條件斜率 95% 信賴區間。由圖 10-4 可知，員工知覺主管道德脫鉤會增強主管不道德利組織行為與員工不道德利組織行為之正向關係。依據圖 10-7 和圖 10-8 之斜率分析結果顯示，當員工知覺主管道德脫鉤高時，主管不道德利組織行為與員工不道德利組織行為之關係有正向關係 ($b = .41$, $S.E. = .07$, $p < .01$, 95% CI [.27, .54])。然而，當員工知覺主管道德脫鉤低時，主管不道德利組織行為與員工不道德利組織行為無關 ($b = .06$, $S.E. = .12$, $p > .05$, 95% CI [-.12, .37])。

7. 結語

JASP 統計軟體主要優點之一，是多元迴歸分析模組檢驗調節效果時，其操作與設定更為簡便。由於 JASP 可以不用製作調節效果的乘積項就直接進行分析，當研究者想快速探索某特定調節效果時，就可用 JASP 非常快速的進行分析。以 Fehr 等人 (2019) 的模型為例，研究者可以很快速的分析表 3 左方的 First Stage Moderation 與右方的 Second Stage Moderation。然而，若研究者想要一次對 Fehr 等人 (2019) 的整體研究模型進行分析，JASP 的「Regression」模組則會變得相當繁雜。因此，當研究模型較為複雜時，建議直接使用 JASP 的「SEM」模組，以觀察變數路徑分析來檢驗研究模型較佳。此部分請參考本書的第 12 章。

8. 參考文獻

Aiken, L. S., & West, S. G. (1991). *Multiple regression: Testing and interpreting interactions.* Sage Publications.

Cohen, J., & Cohen, P. (1983). *Applied multiple regression/correlation analysis for the behavioral sciences* (2nd ed.). Laurence Erlbaum Associates Publishers.

Fehr, R., Welsh, D., Yam, K. C., Baer, M., Wei, W., & Vaulont, M. (2019). The role of moral decoupling in the causes and consequences of unethical pro-organizational behavior. *Organizational Behavior and Human Decision Processes, 153*, 27-40. https://doi.org/10.1016/j.obhdp.2019.05.007

Fehr, R., Welsh, D., Yam, K. C., Baer, M., Wei, W., & Vaulont, M. (2019). Variable information: https://osf.io/xjcqm/?view_only=458a961a66e744188ed8193466ab6a62

溫福星（2013）。社會科學研究中使用迴歸分析的五個重要觀念。**管理學報，30**，169 -190。https://doi.org/10.6504/JOM.2013.30.02.04

11
Chapter
觀察變數路徑分析

✒ **胡昌亞**

　　美國喬治亞大學工商心理學博士，目前爲國立政治大學企業管理學系特聘教授。研究領域爲師徒關係、職涯發展、領導、商業數據分析。曾任《人力資源管理學報》主編。

✒ **陳燕諭**

　　國立政治大學企管系博士，目前爲國立陽明交通大學經營管理研究所助理教授。研究領域爲職場影響戰術、整合分析。

✒ **范思美**

　　國立政治大學企管系博士候選人，目前爲國立政治大學企管系兼任講師。研究領域爲職場依附、整合分析。

1. 路徑分析簡介

觀察變數路徑分析 (observed variable path analysis, OVPA) 以迴歸分析為基礎，透過分析一系列的迴歸式，來檢驗比較複雜的研究模型，特別是近年來廣受 OB/HR 學者所重視的調節式中介 (moderated mediation) 及中介式調節 (mediated moderation)。Edwards 與 Lambert (2007) 以及 Preacher、Rucker 與 Hayes (2007) 詳細說明路徑分析的優勢，有興趣的讀者可參閱這些文章。

由於間接效果統計考驗的 p 值是有偏誤的，因此學者建議應改採「信賴區間是否包含 0」來判定間接效果的顯著性。而一般統計軟體較少讓研究者可透過選單方式採取不同拔靴法 (bootstrap) 來估計信賴區間，而是需要另外撰寫公式或巨集來估計信賴區間。此外，研究者需要根據分析模型與調節變項的標準差，以語法設定如何計算這些較為複雜的間接關係 [如：條件間接關係 (conditional indirect effect)] 後，才能進行估計。這些繁複的設定讓分析調節式中介或中介式調節成為一個令學者頭痛的工作。

因此，當 Hayes 發展出 PROCESS 外掛程式後，因為以下便捷特性，使得該工具廣受研究者的青睞：

(1) 透過選單點選方式設定分析模型，無須撰寫語法；

(2) 可安裝在不同的統計軟體，包括： SPSS、SAS、R；

(3) 提供 bootstrap （至多 50000 次）重複抽樣功能；

(4) 在調節效果的驗證上，不用預先製作乘積項，可透過選項設定，在分析時先將涉及調節效果的變數進行平減 (centering)，才製作乘積項；

(5) 可選擇正負 1 個標準差，作為計算調節效果高分組與低分組條件斜率 (conditional slope) 的基礎；

(6) 可依照研究架構，選擇合適的 PROCESS 模型編號進行路徑分

析，不用另外設定變數之間的關係。例如：模型 7 (Model 7) 是第一階段中介效果調節模型 (first stage moderation model)、模型 14 (Model 14) 是第二階段中介效果調節模型 (second stage moderation model)。而 Fehr 等人 (2019) 研究則是模型 21 (Model 21)；

(7) 提供繪圖語法（如：SPSS），將語法貼入 SPSS 語法編輯器並且執行後，就可繪製調節效果圖。

雖然 PROCESS 提供便捷的方式進行路徑分析，但是 PROCESS 也有以下分析限制，需請讀者特別留意，而這些問題都可透過結構方程模型進行路徑分析獲得解決。包括：

(1) 研究者只能選擇 PROCESS 內建的 92 個模式進行分析；

(2) PROCESS 因為是基於多元迴歸分析，故只能分析一個依變數。若研究架構有兩個（含）以上的依變數，需要進行多次 PROCESS 分析；

(3) PROCESS 預設自變數影響依變數（或是控制自變數對依變數之影響），因此無法直接檢驗完全中介效果假設（雖然當自變數對依變數的路徑不顯著時，即隱含為完全中介效果）；

(4) PROCESS 沒有提供路徑圖 (path diagram)；

(5) 若資料有遺漏值，PROCESS 未提供相關的處理方法（如：平均數取代法），而是將該筆資料排除 (listwise deletion)，不納入分析中；

(6) PROCESS 無法提供研究架構模型的配適度指標。

2. lavaan 語法簡介

JASP 軟體的 **SEM** 模組使用 lavaan 語法進行路徑分析，讓研究者有更多分析的彈性，解決 PROCESS 的潛在限制。例如：研究者可根據研究架構，設定變數之間的關係；有多種處理遺漏值的方式（包含：FIML、listwise deletion、pairwise、two stage、robust two-stage、doubly robust）。本章彙整 lavaan 基本語法（運算子），請見表 11-1。

表 11-1 lavann 基本語法介紹

運算子	運算子範例
~	表示同一層級變數之（結構）因果關係，如： perf ~ eUPB + smdis 設定 eUPB（因）與 smdis（因）影響 perf（果）
=~	測量題項與潛在構念之測量關係，如： perf =~ perf1 + perf2 + perf3 設定 perf 此潛在構念由 perf1、perf2、perf3 三個題目所測量
~~	同一層級變數之共變（非因果）關係，如： sUPB ~~ smdis 設定 sUPB 與 smdis 這兩個外生變數彼此相關 eUPB ~~ perf 設定 eUPB 與 perf 這兩個內生變數殘差彼此相關
a 等英文字母	參數標籤，以作為後續分析（運算或設限）之用，如： eUPB ~ a * sUPB 設定 sUPB 的結構係數（迴歸係數）為a
:=	定義新參數，如： ab := a * b 設定一個新參數「ab」且其值為 a 與 b 的乘積

3. PROCESS 模型 1

　　本章節以 Fehr 等人 (2019) 研究一的資料 (Study_1_Data.sav) 為例，介紹以撰寫 lavaan 語法的方式，進行觀察變數路徑分析。Fehr 等人 (2019) 以 SPSS PROCESS Macro 進行路徑分析，其語法可參見 OSF 上 Labels_and_Syntax.docx 檔案中 SPSS syntax for testing Hypothesis 2 一節。此章節 JASP 檔為 U11.jasp。

　　以下我們將分別示範以 **SEM** 模組分析 PROCESS 模型 1、模型 7、模型 14 與模型 21。以下所有自變數及調節變數，都為平均數平減後的變數 (Cohen et al., 2003; Cortina et al., 2001)。

(1) 模型 1 研究架構如圖 11-1 左側，通常論文中所呈現的為此圖。圖 11-1 右側則是統計分析的模型圖，依變數 eUPB 同時被三個預測

變數所影響：

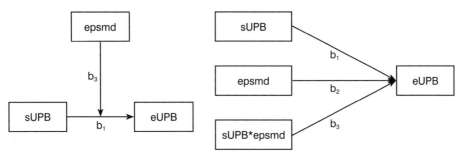

圖 11-1　模型 1 研究架構

(2) 分析所需變數 sUPB_cen（自變數）、epsmd_cen（調節變數）、sUPB_epsmd_inter（調節效果），以及 eUPB_tot（依變數）皆爲「Scale」，故不需要更動資料設定。

(3) 選擇 **Descriptives**，將 epsmd_cen 變數放入 **Variables** 中，計算出調節變數 epsmd_cen 的變異數爲 2.17。

(4) 選擇 **SEM** 的 **Structural Equation Modeling**，將以下 lavaan 模型 1 的語法貼入語法框中（如圖 11-2）：

regression（# 後爲備註文字，不會納入分析）

eUPB_tot ~ b1*sUPB_cen + b2*epsmd_cen + b3*sUPB_epsmd_inter

CIs of simple slopes

CIN_H := b1+b3*sqrt(2.17)

CIN_L := b1-b3*sqrt(2.17)

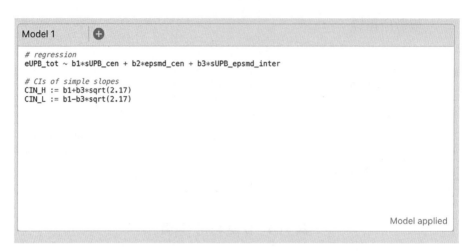

図 **11-2** 模型 1 lavaan 語法

(5) 勾選 **Output options** 的 **R-squared** 、 **Path diagram** （見圖
11-3）。

Path diagram

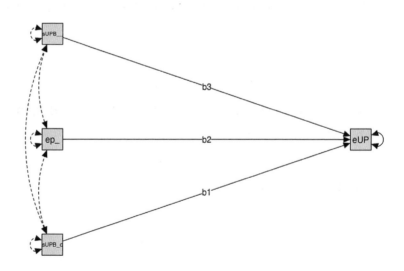

図 **11-3** 模型 1 路徑圖

用**JASP**
完成論文分析與寫作

(6) 勾選 **Estimation options** 的 **Bootstrap**，並設定 **Bootstrap samples** 為「5000」，**Type** 選擇 **Bias-corrected percentile**，**Confidence intervals** 為「95%」（如圖 11-4）。

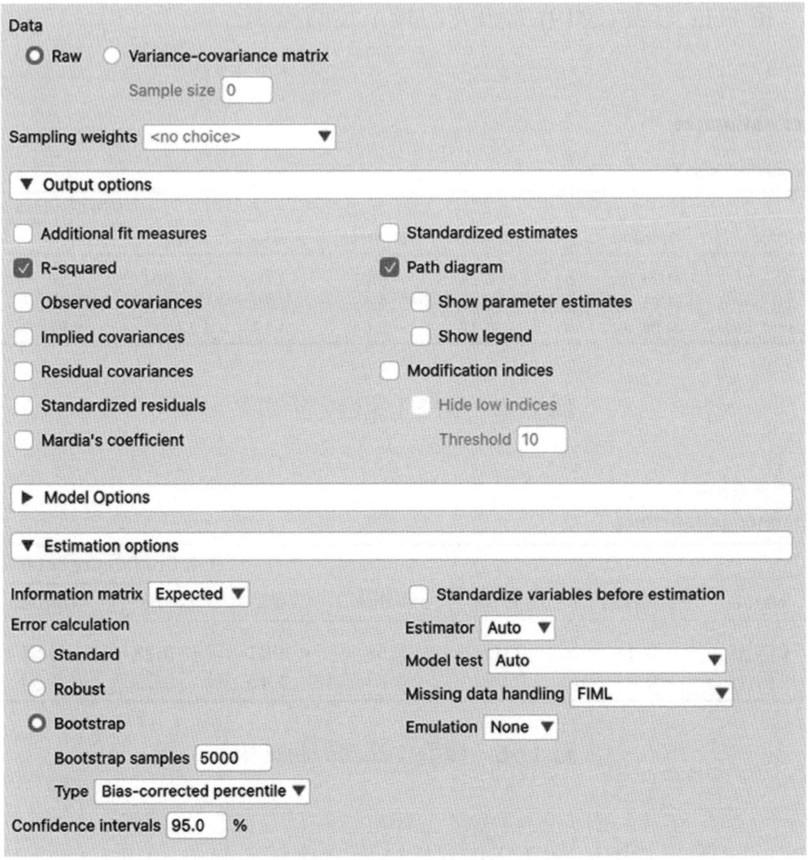

圖 11-4 分析設定

(7) 報表解讀：圖 11-5 指出，sUPB 與 eUPB (b = .24, 95% CI [.10, .41]) 有正向關係，且調節效果項 (sUPB_epsmd_inter) 與 eUPB (b = .12, 95% CI [.03, .18]) 有正向關係。因調節效果項達顯著，表示

epsmd 在 sUPB 與 eUPB 正向關係中有調節效果。我們進一步比較第 10 章的結果（如圖 11-6），高 epsmd 情境會強化 sUPB 與 eUPB 的正向關係 (simple slope = .41, 95% CI [.28, .54])，但在低 epsmd 情境則無 (simple slope = .07, 95% CI [-.13, .34])。此結果支持 Fehr 等人 (2019) 的研究假設 1 及假設 2。

Parameter estimates ▼

Regression coefficients ▼

Predictor	Outcome		Estimate	Std. Error	z-value	p	95% Confidence Interval	
							Lower	Upper
sUPB_cen	eUPB_tot	b1	0.24	0.07	3.66	< .001	0.10	0.41
epsmd_cen	eUPB_tot	b2	0.08	0.06	1.29	0.20	−0.04	0.20
sUPB_epsmd_inter	eUPB_tot	b3	0.12	0.04	3.17	1.52e−3	0.03	0.18

圖 11-5 模型 1 路徑分析結果

Defined parameters

Name	Estimate	Std. Error	z-value	p	95% Confidence Interval	
					Lower	Upper
CIN_H	0.41	0.07	5.59	< .001	0.28	0.54
CIN_L	0.07	0.09	0.73	0.46	−0.13	0.34

圖 11-6 模型 1 調節分析結果

(8) Fehr 等人 (2019) 與 JASP 分析結果之比較，見表 11-2。

(9) 若欲計算調節效果項 ΔR^2，需再次分析，lavaan 語法如下，獲得 R^2 = .12，故調節效果項 ΔR^2 = .17-.12 = .05。

eUPB_cen ~ b1*sUPB_cen + b2*epsmd_cen

表 11-2　模型 1 結果比較

	Fehr_2019			JASP			
	b	*SE*	*t*	*b*	*SE*	*Z*	95% CI
Constant	-.05	.09	-0.55				
sUPB	.24	.07	3.62**	.24	.07	3.66**	[.10, .41]
epsmd	.08	.06	1.27	.08	.06	1.29	[-.04, .20]
sUPB * epsmd	.12	.04	3.13**	.12	.04	3.17**	[.03, .18]
R^2		.17			.17		
調節效果項ΔR^2		.05			.05		

註1：N = 176對偶樣本
註2：** $p < .01$

4. PROCESS 模型 7：第一階段中介效果調節模型 (first stage moderation model)

(1) 模型 7 研究架構（如圖 11-7）：

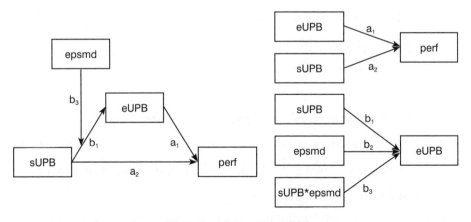

圖 11-7　模型 7 研究架構

(2) 分析所需變數 （sUPB_cen、epsmd_cen、eUPB_cen 及 perf_tot）
皆為「Scale」，故不需要更動資料。

(3) 選擇 **Descriptives** ，將 epsmd_cen 變數放入 **Variables** 中，得出 epsmd_cen 的變異數為 2.17。

(4) 選擇 **SEM** 的 **Structural Equation Modeling** ，將以下 lavaan 模型 7 的語法貼入語法框中：

```
# dependent regression, if NOT controlling for X, remove " + a2*sUPB_cen"
perf_tot ~ a1*eUPB_cen + a2*sUPB_cen
# mediator regression
eUPB_cen ~ b1*sUPB_cen + b2*epsmd_cen + b3*sUPB_epsmd_inter
# mean of moderator
epsmd_cen ~ 1
# 1st stage Index of MOD_MED
First_MOME:= a1*b3
# CIs of simple indirect effect
CIN_H := a1*(b1+b3*sqrt(2.17))
CIN_L := a1*(b1-b3*sqrt(2.17))
```

(5) 勾選 **Output options** 的 **R-squared** 、 **Path diagram** 。

(6) 勾選 **Estimation options** 的 **Bootstrap** ，並設定 **Bootstrap samples** 為「5000」， **Type** 選擇 **Bias-corrected percentile** ， **Confidence intervals** 為「95%」。

(7) 報表解讀：我們遵循 Edwards 與 Lambert (2007) 調節路徑分析做法，同時檢驗中介及調節效果。從圖 11-8 發現，sUPB (b = .24, 95% CI [.10, .41])、調節效果項 (b = .12, 95% CI [.03, .19]) 與 eUPB 有正向關係。而圖 11-9 發現，eUPB 在 sUPB 與 perf 的調節式中

介效果未達顯著　（間接效果：b = .00, 95% CI [-.01, .02]）。在高 epsmd 情境，中介效果未達顯著（間接效果：b = .01, 95% CI [-.05, .07]），在低 epsmd 情境，中介效果亦未達顯著（間接效果：b = .00, 95% CI [-.01, .04]）。

Parameter estimates ▼

Regression coefficients ▼

Predictor	Outcome		Estimate	Std. Error	z-value	p	95% Confidence Interval	
							Lower	Upper
eUPB_cen	perf_tot	a1	0.02	0.08	0.32	0.75	−0.12	0.16
sUPB_cen	perf_tot	a2	3.59e−3	0.07	0.05	0.96	−0.12	0.11
	eUPB_cen	b1	0.24	0.06	3.73	< .001	0.10	0.41
epsmd_cen	eUPB_cen	b2	0.08	0.06	1.32	0.19	−0.04	0.20
sUPB_epsmd_inter	eUPB_cen	b3	0.12	0.04	3.17	1.52e−3	0.03	0.19

圖 11-8　模型 7 路徑分析結果

Defined parameters

Name	Estimate	Std. Error	z-value	p	95% Confidence Interval	
					Lower	Upper
First_MOME	2.85e−3	9.05e−3	0.31	0.75	−0.01	0.02
CIN_H	0.01	0.03	0.32	0.75	−0.05	0.07
CIN_L	1.71e−3	5.89e−3	0.29	0.77	−9.17e−3	0.04

圖 11-9　模型 7 調節分析結果

5. PROCESS 模型 14：第二階段中介效果調節模型 (second stage moderation model)

(1) 模型 14 研究架構（如圖 11-10）：

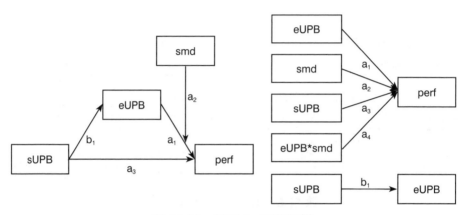

圖 11-10 模型 14 研究架構

(2) 分析所需變數（sUPB_cen、smd_cen、eUPB_cen 及 perf_tot）皆為「Scale」，故不需要更動資料。

(3) 選擇 **Descriptives**，將 smd_cen 變數放入 **Variables** 中，獲得 smd_cen 變異數為 1.85。

(4) 選擇 **SEM** 的 **Structural Equation Modeling**，lavaan 模型 14 的語法：

dependent regression, if NOT controlling for X, remove " + a3*sUPB_cen"
perf_tot ~ a1*eUPB_cen + a2*smd_cen + a3*sUPB_cen + a4*eUPB_smd_inter
mediator regression

```
eUPB_cen ~ b1*sUPB_cen
# mean of moderator
smd_cen ~ 1
# 2nd stage Index of MOD_MED
Second_MOME:= a4*b1
# CIs of simple indirect effect
CIN_H := b1*(a1+a4*sqrt(1.85))
CIN_L := b1*(a1-a4*sqrt(1.85))
```

(5) 勾選 **Output options** 的 **R-squared** 、 **Path diagram** 。

(6) 勾選 **Estimation options** 的 **Bootstrap**，並設定 **Bootstrap samples** 為「5000」， **Type** 選擇 **Bias-corrected percentile**， **Confidence intervals** 為「95%」。

(7) 報表解讀：我們遵循 Edwards 與 Lambert (2007) 調節路徑分析做法，同時檢驗中介及調節效果。從圖 11-11 發現，smd 與 perf 有負向關係 (b = -.17, 95% CI [-.33, -.02])，調節效果項 (eUPB_smd_inter) 與 perf 有正向關係 (b = .13, 95% CI [.03, .23])。而 sUPB 與 eUPB 有正向關係 (b = .31, 95% CI [.15, .47])。接著，進一步查看調節式中介效果的情況，由圖 11-12 顯示，eUPB 在 sUPB 與 perf 有調節式中介效果（間接效果：b = .04, 95% CI [.01, .09]），其中在高 smd 情境，中介效果達顯著（間接效果：b = .07, 95% CI [.01, .17]），但在低 smd 情境時，中介效果則未達顯著（間接效果：b = -.04, 95% CI [-.13, .01]）。此結果支持 Fehr 等人 (2019) 的研究假設 3。

Parameter estimates ▼

Regression coefficients ▼

Predictor	Outcome		Estimate	Std. Error	z-value	p	95% Confidence Interval	
							Lower	Upper
eUPB_cen	perf_tot	a1	0.04	0.08	0.56	0.58	−0.11	0.19
smd_cen	perf_tot	a2	−0.17	0.06	−2.55	0.01	−0.33	−0.02
sUPB_cen	perf_tot	a3	−0.03	0.07	−0.45	0.66	−0.16	0.09
eUPB_smd_inter	perf_tot	a4	0.13	0.05	2.76	5.74e−3	0.03	0.23
sUPB_cen	eUPB_cen	b1	0.31	0.06	4.85	< .001	0.15	0.47

圖 11-11 模型 14 路徑分析結果

Defined parameters

Name	Estimate	Std. Error	z-value	p	95% Confidence Interval	
					Lower	Upper
Second_MOME	0.04	0.02	2.40	0.02	8.30e−3	0.09
CIN_H	0.07	0.03	2.02	0.04	7.60e−3	0.17
CIN_L	−0.04	0.03	−1.32	0.19	−0.13	9.56e−3

圖 11-12 模式 14 調節分析結果

6. PROCESS 模型 21

(1) 模型 21 研究架構（如圖 11-13）：

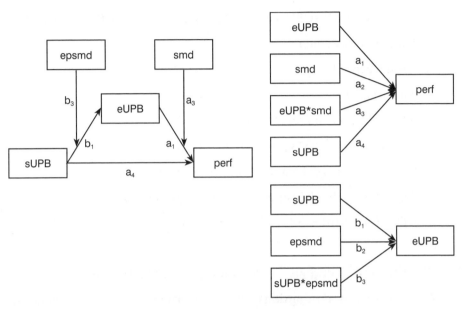

圖 11-13 模型 21 研究架構

(2) 分析所需變數 （sUPB_cen、eUPB_cen、epsmd_cen、smd_cen 及 perf_tot）皆為「Scale」，故不需要更動資料。

(3) 選擇 Descriptives ，將 smd_cen 和 epsmd_cen 變數放入 Variables 中，smd_cen 變異數為 1.85，epsmd_cen 變異數為 2.17。

(4) 選擇 SEM 的 Structural Equation Modeling ，lavaan 模型 21 的語法如下：

\# dependent regression, if NOT controlling for X, remove " + a4*sUPB_cen"

```
perf_tot ~ a1*eUPB_cen + a2*smd_cen + a3*eUPB_smd_inter +
a4*sUPB_cen
# mediator regression
eUPB_cen ~ b1*sUPB_cen + b2*epsmd_cen + b3*sUPB_epsmd_inter
# mean of moderator
epsmd_cen ~ 1
smd_cen ~ 1
# CIs of simple indirect effect
CIN_L_L := (b1-b3*sqrt(2.17))*(a1-a3*sqrt(1.85))
CIN_L_H := (b1-b3*sqrt(2.17))*(a1+a3*sqrt(1.85))
CIN_H_L := (b1+b3*sqrt(2.17))*(a1-a3*sqrt(1.85))
CIN_H_H := (b1+b3*sqrt(2.17))*(a1+a3*sqrt(1.85))
```

(5) 勾選 **Output options** 的 **R-squared** 、 **Path diagram** 。

(6) 勾選 **Estimation options** 的 **Bootstrap** ，並設定 **Bootstrap samples** 為「5000」，**Type** 選擇 **Bias-corrected percentile** ，**Confidence intervals** 為「95%」。

(7) 報表解讀：我們遵循 Edwards 與 Lambert (2007) 調節路徑分析做法，同時檢驗中介及調節效果。從圖 11-14 發現，smd 與 perf 有負向關係 (b = -.17, 95% CI [-.33, -.02])，調節效果項 (eUPB_smd_inter) 與 perf 有正向關係 (b = .13, 95% CI [.02, .22])。而 sUPB (b = .24, 95% CI [.10, .42]) 、調節效果項 (sUPB_epsmd_inter) (b = .12, 95% CI [.03, .19]) 皆與 eUPB 有正向關係。接著，進一步查看調節效果的情況，從圖 11-15 顯示，在高 smd 及高 epsmd 的情境下，eUPB 在 sUPB 與 perf 關係有中介效果（間接效果：b = .09, 95% CI [.01, .20]），其他情境則無。此結果支持 Fehr 等人 (2019) 的研究假設 4。

Parameter estimates

Regression coefficients

Predictor	Outcome		Estimate	Std. Error	z-value	p	95% Confidence Interval	
							Lower	Upper
eUPB_cen	perf_tot	a1	0.04	0.08	0.56	0.58	−0.11	0.20
smd_cen	perf_tot	a2	−0.17	0.06	−2.55	0.01	−0.33	−0.02
eUPB_smd_inter	perf_tot	a3	0.13	0.05	2.75	5.91e−3	0.02	0.22
sUPB_cen	perf_tot	a4	−0.03	0.07	−0.45	0.65	−0.16	0.10
	eUPB_cen	b1	0.24	0.06	3.73	< .001	0.10	0.42
epsmd_cen	eUPB_cen	b2	0.08	0.06	1.32	0.19	−0.04	0.20
sUPB_epsmd_inter	eUPB_cen	b3	0.12	0.04	3.17	1.52e−3	0.03	0.19

圖 11-14 模型 21 路徑分析結果

Defined parameters

Name	Estimate	Std. Error	z-value	p	95% Confidence Interval	
					Lower	Upper
CIN_L_L	−9.50e−3	0.01	−0.64	0.52	−0.09	0.01
CIN_L_H	0.02	0.02	0.70	0.48	−0.02	0.12
CIN_H_L	−0.06	0.04	−1.28	0.20	−0.15	0.02
CIN_H_H	0.09	0.04	2.14	0.03	5.52e−3	0.20

圖 11-15 模型 21 調節分析結果

(8) Fehr 等人 (2019) 與 JASP 分析結果之比較，見表 11-3。

表 11-3 模型 21 結果比較

	Fehr_2019			JASP		
	b	*SE*	95% CI	*b*	*SE*	95% CI
低epsmd、低smd	-.01	.03	[-0.08, 0.03]	-.01	.01	[-0.09, 0.01]
低epsmd、高smd	.01	.03	[-0.04, 0.09]	.02	.02	[-0.02, 0.12]
高epsmd、低smd	-.07	.05	[-0.17, 0.02]	-.06	.04	[-0.15, 0.02]
高epsmd、高smd	.09	.05	[0.01, 0.19]	.09	.04	[0.01, 0.20]

註1：Bootstrap sample sizes = 5000次

Chapter 11
觀察變數路徑分析

7. 其他

本章節的示範都基於 PROCESS 的模型圖，故都控制自變數對依變數的直接效果。若研究者不要控制該直接效果，則可以將該直接效果語法刪除（如：刪除模型 7 語法中的「＋a2*sUPB_cen」）。

8. 參考文獻

Cohen, J., Cohen, P., West, S. G., & Aiken, L. S. (2013). *Applied multiple regression/correlation analysis for the behavioral sciences*. Routledge.

Cortina, J. M., Chen, G., & Dunlap, W. P. (2001). Testing interaction effects in LISREL: Examination and illustration of available procedures. *Organizational Research Methods, 4*, 324-360. https://doi.org/10.1177/109442810144002

Edwards, J. R., & Lambert, L. S. (2007). Methods for integrating moderation and mediation: A general analytical framework using moderated path analysis. *Psychological Methods, 12*, 1-22. https://doi.org/10.1037/1082-989X.12.1.1

Fehr, R., Welsh, D., Yam, K. C., Baer, M., Wei, W., & Vaulont, M. (2019). Datasets: https://osf.io/zqjf6/?view_only=458a961a66e744188ed8193466ab6a62

Hayes, A. F. (2017). *An introduction to mediation, moderation, and conditional process analysis: A regression-based approach*. New York: Guilford press.

Preacher, K. J., Rucker, D. D., & Hayes, A. F. (2007). Addressing moderated mediation hypotheses: Theory, methods, and prescriptions. *Multivariate Behavioral Research, 42*, 185-227. https://doi.org/10.1080/00273170701341316

PROCESS：https://www.processmacro.org/index.html

12
Chapter　結構方程模型

黃柏僩

　　國立臺灣大學心理學系博士，目前爲國立政治大學心理學系副教授。專長爲心理計量、統計建模、與機器學習。曾發表結構方程模型研究於 *Psychometrika*、*Multivariate Behavior Research*、*Structural Equation Modeling* 等期刊，並且爲 R 套件 lslx 的作者。

1. 概念簡介

在行為科學領域，研究者有時不只關注可直接量測觀察變數 (observed variable) 間的關係，更會進一步關注無法直接量測潛在構念 (latent construct) 間的關係。此時，結構方程模型（structural equation modeling，簡稱 SEM）提供了一統計架構，容許研究者根據實質理論，彈性地根據觀察變數與潛在構念間的關係，以及潛在構念間的關係，設定一假設模型，透過假設模型與實徵資料的適配度 (goodness of fit)，以檢驗該實質理論之適切性。

一個完整的 SEM 假設模型，包含測量模型 (measurement model) 與結構模型 (structural model)，前者描述潛在構念與觀察變數之對應關係，也就是驗證性因素分析，反映測量品質；後者則用於刻畫潛在構念間之關係，可視為對潛在構念進行之路徑分析 (path analysis, PA)。因此，SEM 可在考慮測量誤差的前提下，較為正確地估計構念彼此間的關聯性，避免因測量誤差削弱 (attenuation due to measurement error) 帶來的威脅 (Spearman, 1904)。

儘管 SEM 的彈性容許研究者在單一的分析架構下，探討構念之測量品質與其彼此間的關係，卻也帶來了一些實作上的挑戰。

(1) SEM 提供了相當彈性的架構以進行模型設定，故即便 JASP 作為一視窗化軟體，使用者仍須透過 lavaan 語法設定分析模型。除此之外，視窗介面仍有許多可勾選之項目，需要研究者考量。為了降低複雜性，此章節僅介紹較為簡單的範例（單樣本、未考慮平均數結構、所有測量變數為連續資料之模型），且盡可能選擇具有強韌性 (robust) 的統計推論方法，以降低因資料違反多元常態分配假設對標準誤估計之不當影響 (Yuan & Hayashi, 2006)。

(2) SEM 之分析結果牽涉到整體模型適配度與各別參數評估，需對許多報表進行解讀。此章節之範例採用了簡化版本的兩階段 (two-

step approach) 做法 ，其先確認測量模型之適切性，才進一步對結構模型進行評估 (Anderson & Gerbing, 1988)。

(3) SEM 在變數較多的情況下，容易因遺漏了重要的變數關係導致適配度不佳。此時，研究者雖可透過模型修正指標（modification indices，簡稱 MI）之引導，重新設定模型以改善適配度。然而，此做法可能會有資料導向的疑慮、降低模型的可解釋性 (interpretability) 與可推論性 (generalizability)。故學者多建議模型修訂後需進行交叉檢驗 (cross-validation)，即在另一獨立樣本來檢視修正後模型之表現 (MacCallum, Roznowski, & Necowitz, 1992)。

(4) SEM 的完整模式的模型架構較為複雜，不若線性迴歸分析可輕易地拓展，以對複雜之中介調節效果進行分析。因此，本章節之範例僅聚焦於中介效果之檢驗，若研究者關注類別變數對潛在變數關係之調節效果，可採用多樣本 SEM 分析，雖然 JASP 可以進行此類分析，但解讀報表上較為複雜。若想探討連續變數對潛在構念間關係的調節效果，需進行潛在調節作用模式分析（可參考 Cheung et al., 2021, Klein & Moosbrugger, 2000），但 JASP 仍無法進行此類分析，需使用 Mplus 進行分析。

2. 範例說明

本章節以 Fehr 等人 (2019) 研究一的資料 (Study_1_Data.sav) 進行展示，分析主要關注於 smdis、sUPB、eUPB 與 perf 此 4 個潛在構念之關係。在 JASP 範例中，為了使用兩階段做法評估模型，我們將考慮 2 種不同、但相關的模型設定（見圖 12-1 與圖 12-2）。

圖 12-1 為 JASP 所繪製的路徑圖 (path diagram)，為針對此 4 個潛在構念之驗證性因素模型，主要用於檢視測量品質的好壞。由於所有潛在構念之間的關係都被估計，故是以這些潛在構念進行 SEM 分析時

可以設定出的最複雜模型。相較其他模式，其整體模型適配度會最佳。為了簡化分析，我們僅選擇反應潛在變數量指標的挑選，乃根據第 4 章 CFA 的結果挑選 R^2 較高的（亦即標準化因素負荷量較大的）。在路徑圖中，對於每個潛在構念（使用圓圈表示），我們使用了 3 或 4 個觀察變數（使用長方形表示）對其進行測量。在路徑圖中，潛在變數指向觀察變數之單向箭頭，表示其存在假設之因果效果 (hypothesized causal effect)，而潛在變數彼此間的雙向箭頭，則表示假設之共變。另外，各變數皆有一指向自身的雙向箭頭，則用於表示殘差或是自身變異的存在。

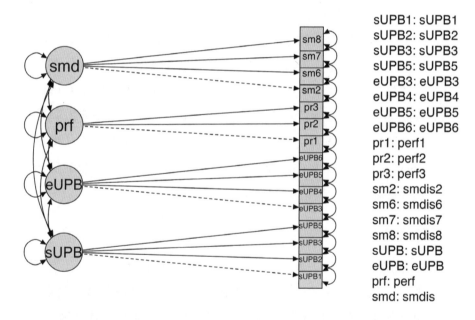

sUPB1: sUPB1
sUPB2: sUPB2
sUPB3: sUPB3
sUPB5: sUPB5
eUPB3: eUPB3
eUPB4: eUPB4
eUPB5: eUPB5
eUPB6: eUPB6
pr1: perf1
pr2: perf2
pr3: perf3
sm2: smdis2
sm6: smdis6
sm7: smdis7
sm8: smdis8
sUPB: sUPB
eUPB: eUPB
prf: perf
smd: smdis

圖 12-1　根據 Fehr 等人 (2019) 資料，所假設之測量模型路徑圖

圖 12-2 之路徑圖進一步分析 smdis、sUPB、eUPB 與 perf 之間的關係，其為此範例中主要的假設模型。我們所要檢驗的關係是 eUPB 的中

介效果，亦即 eUPB 是否中介 sUPB 與 perf 之關係。此外，模型亦納入了 smdis 作為控制變數 (control variable)，以對 perf 進行控制。此分析的假設如下：「eUPB 中介 sUPB 與 perf 之負向關係」。

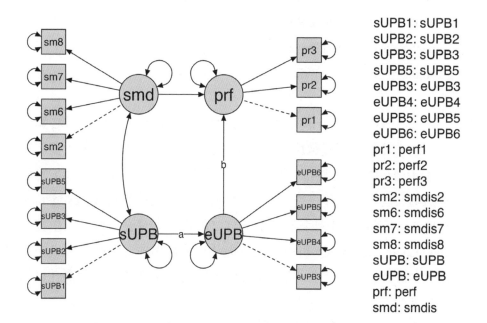

sUPB1: sUPB1
sUPB2: sUPB2
sUPB3: sUPB3
sUPB5: sUPB5
eUPB3: eUPB3
eUPB4: eUPB4
eUPB5: eUPB5
eUPB6: eUPB6
pr1: perf1
pr2: perf2
pr3: perf3
sm2: smdis2
sm6: smdis6
sm7: smdis7
sm8: smdis8
sUPB: sUPB
eUPB: eUPB
prf: perf
smd: smdis

圖 12-2 根據 Fehr 等人 (2019) 資料，所假設之中介模型路徑圖

眼尖的讀者可能會注意到，圖 12-1 與圖 12-2 箭頭的線段區分為實線與虛線兩種，實線表示假設模型所欲自由估計的參數，虛線則是設為定值之參數 (fixed parameters)，表示不對此參數進行估計，故不影響模型的自由度。在此，虛線之參數數值被設為 1，其用於對潛在構念之尺度 (scale) 進行設定。如何設定潛在構念之尺度，乃進行 SEM 的重要議題。一般建議使用因素負荷量最高的該題作為設定尺規的參照指標 (reference indicator)，而 JASP 會自動挑選各潛在構念的第一個指標作為參照指標，讀者不需自己處理該議題。

JASP 採用了 R 套件 lavaan 的語法來設定 SEM 模型，圖 12-1 的 CFA 所對應之 lavaan 語法如下，各語法設定請參見第 11 章的表 11-1：

sUPB =~ sUPB1 + sUPB2 + sUPB3 + sUPB5
eUPB =~ eUPB3 + eUPB4 + eUPB5 + eUPB6
perf =~ perf1 + perf2 + perf3
smdis =~ smdis2 + smdis6 + smdis7 + smdis8

這裡，「=~」用於設定潛在構念與其所對應測量變數間之關係（「=~」右側的觀察變數爲左側潛在構念之測量指標）。另外，儘管圖 12-1 顯示潛在構念間彼此共變，其可以透過「~~」來刻畫（「~~」左側之變數與右側之變數存在共變）。然而，JASP 預設外衍變數（exogenous variables，可理解爲未被其它變數指向之變數）間存在共變，內衍變數（endogenous variables，可理解爲有被其它變數指向之變數）間則彼此獨立，由於此模型中所有的潛在變數皆爲外生，故不需額外對潛在構念之共變進行設定。

而圖 12-2 一般稱爲完整模型 (full model)，因爲其包含了反應測量品質的測量模型與反應因果關係的結構模型，其所對應的語法爲：

sUPB =~ sUPB1 + sUPB2 + sUPB3 + sUPB5
eUPB =~ eUPB3 + eUPB4 + eUPB5 + eUPB6
perf =~ perf1 + perf2 + perf3
smdis =~ smdis2 + smdis6 + smdis7 + smdis8
eUPB ~ a * sUPB
perf ~ b * eUPB + smdis
ab := a * b

這裡，～用於刻畫潛在變數（或是觀察變數）間之關係（～右側的變數影響左側的變數）。另外，我們在此將 sUPB 對 eUPB 之效果取名為 a（利用 * 進行分隔），eUPB 對 perf 之效果取名為 b，並定義一新的參數 ab（利用 := 定義），其為 a 與 b 的乘積（* 在 R 表示相乘）。JASP 會對新定義之參數進行假設檢定，透過 ab 是否顯著，我們可以來檢驗中介效果的有無。

除了 =～、～、～～ 等運算子外，lavaan 語法還存在許多的模型設定方式。然而，完整地介紹 lavaan 語法超出本章節所欲涵蓋的內容，且 JASP 也無法接受所有的 lavaan 語法。有興趣的讀者，可以進一步參考 lavaan 官網的教學 (https://lavaan.ugent.be/tutorial/index.html)，並直接使用 R 來進行分析。

接下來，我們將使用圖 12-1 與圖 12-2 之假設模型進行 SEM 分析之示範。

3. JASP 操作步驟

(1) 開啟選擇 **SEM** 模組的 **Structural Equation Modeling**，在 **Model 1** 的視窗中，輸入圖 12-1 對應之模型語法（見圖 12-3）。

圖 **12-3** 輸入 CFA 模型語法之視窗

(2) 點選 **Model 1** 右側的「+」以新增模型，在 **Model 2** 的視窗中，輸入圖 12-2 對應之模型語法（見圖 12-4），並按下「control + enter」（win 系統）或是「command + enter」（mac 系統）執行。

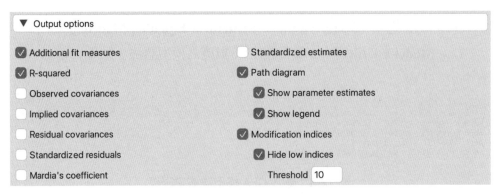

```
Model 1 ✖   Model 2 ✖   ⊕
sUPB =~ sUPB1 + sUPB2 + sUPB3 + sUPB5
eUPB =~ eUPB3 + eUPB4 + eUPB5 + eUPB6
perf =~ perf1 + perf2 + perf3
smdis =~ smdis2 + smdis6 + smdis7 + smdis8
eUPB ~ a * sUPB
perf ~ b * eUPB + smdis
ab := a * b|
```

圖 12-4　輸入假設模型語法之視窗

(3) 在 **Output options** （輸出設定，見圖 12-5）處，勾選 **Additional fit measures** 、 **R-squared** 與 **Path diagram** 以呈現更多的適配度指標數值（用於評估整體模型與資料是否適配）、解釋量（用於了解各變數被解釋的比例）、與路徑圖（方便確認模型是否設定正確，若再勾選 **Show parameter estimates** 則會呈現參數估計數值）。另外，我們亦勾選 **Modification indices** ，以獲得模型修正指標（可在模型適配不佳時指引改善方向）。其餘的輸出，使用者可根據自身需求決定是否需要勾選。

▼ Output options

- ☑ Additional fit measures
- ☑ R-squared
- ☐ Observed covariances
- ☐ Implied covariances
- ☐ Residual covariances
- ☐ Standardized residuals
- ☐ Mardia's coefficient

- ☐ Standardized estimates
- ☑ Path diagram
  - ☑ Show parameter estimates
  - ☑ Show legend
- ☑ Modification indices
  - ☑ Hide low indices
  - Threshold 10

圖 12-5　輸出設定之視窗

(4) 在 **Model options** （模式設定，如圖 12-6）處，有許多跟預設模型設定有關的選項，在此範例中需要將 **Correlate dependent variables** 取消選擇。

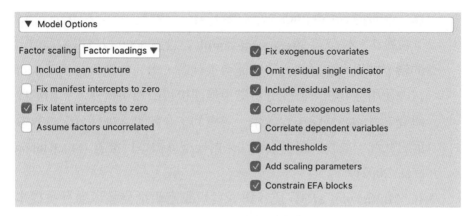

圖 12-6　模式設定之視窗

(5) 在 **Estimation options** （估計設定，如圖 12-7）處，建議將 **Information matrix** 改為 **Observed** ，其在多數的情況下較為正確（在此範例中沒有影響）。

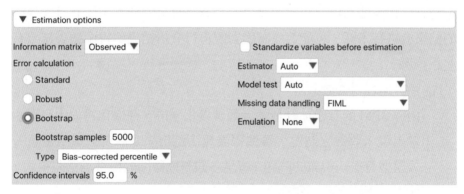

圖 12-7　估計設定之視窗

(6) SEM 處理連續資料時，預設的估計方法為最大概似（maximum likelihood，簡稱 ML），其假設資料為多元常態分配。為了處理資料不符合多元常態所帶來的影響，建議將 **Estimation options**

處的 **Error calculation** 改為 **Robust** （強韌法）或是 **Bootstrap**
（拔靴法，建議將 **Bootstrap samples** 設為 5000 以獲得較為穩定
的檢定結果，注意此方法可能會很耗時，第一次執行分析時，可
以先使用強韌法，確認分析結果無誤後再改為拔靴法）。由於此
研究之目的為檢驗中介效果，考慮到中介效果之抽樣分配會有偏
態之狀況，故我們使用拔靴法來對模型參數進行推論 (MacKinnon
et al., 2002)。

(7) 在 **Multigroup SEM** 處，研究者可設定組別變數以進行多樣本
SEM，本範例中不需進行設定。

4. JASP 報表解讀

　　由於 SEM 可以視為因素分析與路徑分析之結合，因此，在前述單
元中關於因素分析或是路徑分析的報表解釋，皆適用於 SEM 報表之解
釋。在此，我們僅聚焦於幾個比較關鍵之報表解讀。另外，由於此段落
呈現之信賴區間乃根據拔靴法產生，該方法具有隨機性，因此每次執行
的結果會略有不同，可能造成讀者對照自行分析結果與書中報表結果有
些許差異。

(1) 估計過程是否收斂？

　　由於 SEM 的參數估計皆透過數值優化獲得，在優化過程中有可能
會出現未收斂之狀況，導致報表無法跑出來之狀況。通常這意味
著模型有無法辨識的問題，或是各觀察變數間的標準差落差很大，
使用者須注意此問題存在。

(2) CFA 模型與資料是否適配？

　　模型適配性為 SEM 報表解讀之第一要務。根據兩階段做法，我
們先檢視 CFA 模型（即 Model 1）之適配度。透過「Model fit」
報表（見圖 12-8），可觀察到 Model 1 的整體卡方考驗未達顯著

($\chi^2 = 103.38$, $df = 84$, $p < .07$)，顯示假設模型與資料適配度佳。然而，由於卡方考驗對應之虛無假設爲模型設定完全正確，即使模型僅有些微誤設之狀況，此考驗仍在大樣本時會獲得顯著之結果。故實務上，研究者鮮少使用此整體卡方考驗來做決策。取而代之的是，參考多種適配度指標之數值來評估模型表現。然而，因爲卡方考驗是許多相對指標的基礎，因此仍須報告卡方值與自由度。根據 Hu 與 Bentler (1999)，我們建議研究者採用 CFI ≥ .95、NNFI ≥ .95、RMSEA ≤ .06，與 SRMR ≤ .08 之標準來評估模型適配度。透過 **Fit indices** 與 **Other fit measures** 報表，我們可觀察到 Model 1 適配度佳 (CFI = .99, NNFI = .99, RMSEA = .04, SRMR = .03)。

	AIC	BIC	n	Baseline test			Difference test		
				χ^2	df	p	$\Delta\chi^2$	Δdf	p
Model 1	7177.03	7338.72	176	103.38	84	0.07			
Model 2	7187.92	7343.28	176	118.27	86	0.01	14.90	2	< .001

圖 12-8 「Model fit」報表

(3) 假設模型與資料是否適配？

由於 Model 1 展現了良好之適配，我們可以進一步分析此範例主要關注之假設模型（Model 2）之表現。透過「Model fit」報表（見圖 12-8），Model 2 對應之卡方考驗獲得了顯著之結果（$\chi^2 = 118.27$, $df = 86$, $p < .01$），但誠如前一段落所述，研究者多透過適配度指標評估模型表現。透過 **Fit indices** 與 **Other fit measures** 報表，可觀察到 Model 2 具有良好之適配度 (CFI = .99, NNFI = .98, RMSEA = .05, SRMR = .08)。儘管如此，卡方差異檢定顯示，Model 2 比起 Model 1 有較差的適配度 ($\Delta\chi^2 = 14.9$, $df = 2$,

$p < .001$）。

(4) 參數估計值組型是否符合理論預期？檢定是否顯著？

由於 Model 2 適配度佳，故可進一步對其個別參數進行評估。SEM 的模型參數可以分為四大類：因素負荷量 (factor loadings)、迴歸係數 (regression coefficients)、因素變異數與共變數 (factor variances and covariances)，以及殘差變異數與共變數 (residual variances and covariances)。除此之外，還有自行定義之參數（如圖 12-4 範例之 ab）。研究者可評估各個參數的數值大小正負號、解釋量的大小，以及利用 p 值或是信賴區間來進行統計推論。以 Model 1 所揭示的測量品質為例，根據「R-Squared」報表，各測量變數被其對應潛在構念之解釋量介於 .56 至 .89 之間。再以描述潛在構念間關係的迴歸係數為例，透過 Model 2 的「Regression coefficients」報表（如圖 12-9），我們可以看見 sUPB 對 eUPB，以及 eUPB 對 perf 之效果為正的，數值分別為 .36 與 .12，但僅前者顯著 ($p < .001$, 95% CI [.15, .58])，後者則不顯著 ($p = .10$, 95% CI [-.00, .26])，而 smdis 對於 perf 的控制效果則為 -.29，具有顯著之效果 ($p = .01$, 95% CI [-.56, -.10])。

Regression coefficients

Predictor	Outcome		Estimate	Std. Error	z–value	p	95% Confidence Interval	
							Lower	Upper
sUPB	eUPB	a	0.36	0.08	4.26	< .001	0.15	0.58
eUPB	perf	b	0.12	0.07	1.62	0.10	−4.90e-3	0.26
smdis	perf		−0.29	0.11	−2.52	0.01	−0.56	−0.10

圖 12-9 Model 2 之「Regression coefficients」報表

最後以中介效果 ab 為例，Model 2 的「Defined parameters」報表（如圖 12-10）顯示其估計值為 .04，其拔靴法建立的非對稱 95% 信賴

區間爲 [.002, .12]，並未包含 0。儘管如此，如此邊緣顯著之狀況，不宜解釋太多。

Defined parameters ▼

Name	Estimate	Std. Error	z-value	p	95% Confidence Interval	
					Lower	Upper
ab	0.04	0.03	1.52	0.13	2.01e−3	0.12

圖 **12-10** Model 2 之「Defined parameters」報表

(5) 模型是否有改進之空間？

若模型適配度不佳，可參考模型修正指標（modification indices，簡稱 MI）進行修正。儘管透過 (2) 已得知 Model 2 有不錯之適配度表現，但卡方差異檢定仍顯示 Model 2 比 Model 1 有較差的適配度。因此，我們期盼透過模型修正指標，了解 Model 2 遺漏了哪些重要的潛在構念間之關係。Model 2 的「Modification indices」報表（見圖 12-11）依序呈現了幾個最能夠改善整體模型之模型參數，第 1 名與第 2 名皆爲測量題目殘差之共變（sUPB2~~sUPB5 與 sUPB1~~sUPB3），對應之 MI 數值爲 16.93 與 16.22。然而，由於 Model 1 顯示測量模型已有良好之適配，因此，我們忽略前兩名之建議。另一方面，第 3 名至第 6 名雖對潛在構念間的關係提供了建議，但其在理論上較難辯護，故我們決定持續使用 Model 2 來刻畫變數間之關係。一般來說，進行驗證性的分析時，因爲是理論與驗證導向，因此不應根據 MI 進行模式修正，否則會有資料導向 (data-driven) 的疑慮，使得研究結果不具驗證性。

			mi	epc	sepc (lv)	sepc (all)	sepc (nox)
sUPB2	~~	sUPB5	16.93	−0.23	−0.23	−0.58	−0.58
sUPB1	~~	sUPB3	16.22	−0.21	−0.21	−0.50	−0.50
sUPB	~~	eUPB	13.75	−1.33	−0.80	−0.80	−0.80
sUPB	~	eUPB	13.75	−0.79	−0.85	−0.85	−0.85
eUPB	~~	smdis	13.75	0.34	0.29	0.29	0.29
eUPB	~	smdis	13.75	0.46	0.31	0.31	0.31
smdis	~	eUPB	13.75	0.20	0.30	0.30	0.30

圖 12-11 Model 2 之「Modification indices」報表

5. 分析結果撰寫範例

本研究以 SEM 來檢驗員工不道德利組織行為是否中介主管不道德利組織行為與員工工作表現之關係（如圖 12-2）。根據兩階段做法 (Anderson & Gerbing, 1988)，在進行假設考驗之前，需要先使用 4 因素驗證性因素分析來檢驗構念之測量品質。分析結果顯示，無論是卡方適配度檢驗或適配度指標，皆說明此 CFA 模型皆具有良好之適配度 ($\chi^2 =103.38$, $df = 84$, $p < .07$, CFI = .99, NNFI = .99, RMSEA = .04, SRMR = .03)，且各因素負荷量皆顯著大於 0，各指標之解釋量介於 .56 至 .89 之間，為收斂效度提供了證據。而潛在變數相關係數的信賴區間不包括 1 或 -1，也提供了區辨效度的證據。

本研究以完整模型對研究假設進行統計考驗，在模型適配度方面，儘管卡方適配度不支持假設模型 ($\chi^2 = 118.27$, $df = 86$, $p < .01$)，但其他適配度指標仍顯示假設模型具有良好之適配度 (CFI = .99, NNFI = .98, RMSEA = .05, SRMR = .08)。假設模型之參數估計結果請見圖 12-12，其顯示 sUPB 於 eUPB 有顯著的效果 ($p < .001$, 95% CI [.26, .95])，但 eUPB 對於 perf 則無顯著的效果 ($p = .48$, 95% CI [-.14, .35])，另外，smdis 對於 perf 有顯著的控制效果 ($p = .05$, 95% CI [-.39, -.02])。最後，我們使用偏誤校正拔靴法，檢驗 eUPB 是否中介 sUPB 與 perf 之關係。

此中介效果之估計值爲 .04 (*p* = .13)，經過 5000 次的重複抽樣後，建立的 95% 信賴區間爲 [.00, .12]，顯示此中介效果僅邊緣顯著，不宜過度解釋。由於偏誤校正拔靴法爲重複抽樣之結果，每次分析結果可能會有所不同。此範例中的中介效果薄弱，很可能出現某次拔靴法結果支持假設（信賴區間不包括 0），但某次拔靴法結果卻不支持假設（信賴區間不包括 0）。

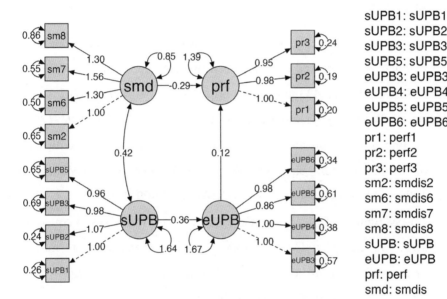

sUPB1: sUPB1
sUPB2: sUPB2
sUPB3: sUPB3
sUPB5: sUPB5
eUPB3: eUPB3
eUPB4: eUPB4
eUPB5: eUPB5
eUPB6: eUPB6
pr1: perf1
pr2: perf2
pr3: perf3
sm2: smdis2
sm6: smdis6
sm7: smdis7
sm8: smdis8
sUPB: sUPB
eUPB: eUPB
prf: perf
smd: smdis

圖 **12-12** 假設模型之參數估計結果

6. 其他

JASP 0.16.1 版本的 SEM 模組，可以將多個模型（如：Model 1 與 Model 2）設定在一個 SEM 分析中。除了可以一次估計多個模型，還能比較模型好壞（如：比較 Model 1 與 Model 2）。此單元所附的 JASP 分析檔 U12.jasp，爲同時分析兩個模式的設定。但此方法將設定套用在所

有的模型中，若研究者以拔靴法估計參數的信賴區間時，JASP 會將此設定套用到所有的分析中。由於拔靴法相當耗費運算資源，因而會使得分析結果遲遲無法呈現。以此範例來說，分析時間超過 30 分鐘，但若以一個 SEM 模組分析 Model 1，另一個 SEM 模組分析 Model 2（U12_M1_M2.jasp），則可以在 5 分鐘內完成分析。故建議研究者採用每個 SEM 模組都只設定一個模型，再以人工方式計算卡方差異檢定結果。

7. 參考文獻

Anderson, J. C., & Gerbing, D. W. (1988). Structural equation modeling in practice: A review and recommended two-step approach. *Psychological Bulletin, 103*, 411-423. https://doi.org/10.1037/0033-2909.103.3.411

Cheung, G. W., Cooper-Thomas, H. D., Lau, R. S., & Wang, L. C. (2021). Testing moderation in business and psychological studies with latent moderated structural equations. *Journal of Business and Psychology, 36*, 1009-1033. https://doi.org/10.1007/s10869-020-09717-0

Hu, L. T., & Bentler, P. M. (1999). Cutoff criteria for fit indexes in covariance structure analysis: Conventional criteria versus new alternatives. *Structural Equation Modeling: A Multidisciplinary Journal, 6*, 1-55. https://doi.org/10.1080/10705519909540118

Klein, A., & Moosbrugger, H. (2000). Maximum likelihood estimation of latent interaction effects with the LMS method. *Psychometrika 65*, 457-474. https://doi.org/10.1007/BF02296338

MacCallum, R. C., Roznowski, M., & Necowitz, L. B. (1992). Model modifications in covariance structure analysis: The problem of capitalization on chance. *Psychological Bulletin, 111*, 490-504. https://doi.org/10.1037/0033-2909.111.3.490

MacKinnon, D. P., Lockwood, C. M., Hoffman, J. M., West, S. G., & Sheets, V. (2002). A comparison of methods to test mediation and other intervening variable effects. *Psychological Methods, 7*, 83-104. https://doi.org/10.1037/1082-989X.7.1.83

Spearman, C. (1904). The proof and measurement of association between two things. *American Journal of Psychology, 15*, 72-101.

Yuan, K.-H., & Hayashi, K. (2006). Standard errors in covariance structure models: Asymptotics versus bootstrap. *British Journal of Mathematical and Statistical Psychology, 59*, 397-417. https://doi.org/10.1348/000711005X85896

Chapter 12
結構方程模型

國家圖書館出版品預行編目資料

用JASP完成論文分析與寫作/胡昌亞，楊文
芬，游琇婷，黃瑞傑，鄭瑩妮，王豫萱，陳
怡靜，林義挺，陳燕諭，范思美，黃柏僩著.
-- 初版. -- 臺北市 ： 五南圖書出版股份有
限公司, 2022.07
　面 ；　公分
ISBN 978-626-317-959-2 (平裝)

1.CST：統計套裝軟體 2.CST：統計分析

512.4   111009225

1HAM

用JASP完成論文分析與寫作

作　　　者：胡昌亞、楊文芬、游琇婷、黃瑞傑、鄭瑩妮、
　　　　　　王豫萱、陳怡靜、林義挺、陳燕諭、范思美、
　　　　　　黃柏僩

發 行 人：楊榮川

總 經 理：楊士清

總 編 輯：楊秀麗

主　　編：侯家嵐

責任編輯：吳瑀芳

文字校對：陳俐君

封面設計：姚孝慈

排版設計：徐慧如

出 版 者：五南圖書出版股份有限公司

地　　址：106 臺北市大安區和平東路二段 339 號 4 樓

電　　話：(02) 2705-5066

傳　　真：(02) 2706-6100

網　　址：https://www.wunan.com.tw

電子郵件：wunan@wunan.com.tw

劃撥帳號：01068953

戶　　名：五南圖書出版股份有限公司

法律顧問：林勝安律師

出版日期：2022 年 7 月初版一刷
　　　　　2023 年 7 月初版三刷

定　　價：新臺幣 300 元

經典永恆・名著常在

五十週年的獻禮 —— 經典名著文庫

五南，五十年了，半個世紀，人生旅程的一大半，走過來了。

思索著，邁向百年的未來歷程，能為知識界、文化學術界作些什麼？

在速食文化的生態下，有什麼值得讓人雋永品味的？

歷代經典・當今名著，經過時間的洗禮，千錘百鍊，流傳至今，光芒耀人；

不僅使我們能領悟前人的智慧，同時也增深加廣我們思考的深度與視野。

我們決心投入巨資，有計畫的系統梳選，成立「經典名著文庫」，

希望收入古今中外思想性的、充滿睿智與獨見的經典、名著。

這是一項理想性的、永續性的巨大出版工程。

不在意讀者的眾寡，只考慮它的學術價值，力求完整展現先哲思想的軌跡；

為知識界開啟一片智慧之窗，營造一座百花綻放的世界文明公園，

任君遨遊、取菁吸蜜、嘉惠學子！